優渥_{叢書}

一眼看出強勢股的 31 個特徵

抓到 爆大量 K線圖

猛賺 3 支漲停獲利法

25年強勢股操盤手 明發◎著

 CONTENTS

第1章

從K線看出，漲停強勢股的4種盤面特徵！

第2章

向上跳空開高多少％，你才該進場？

第3章

用K線中的分時線，算出買進時點及價位

第4章

從線圖一眼看出「爆大量」的價位後，進場坐等飆漲！

第5章

從線圖看出主力做多及誘空，避開技術分析陷阱

第6章

【量價實作課1】
向上缺口未封閉時，是個股做多訊號！

第 7 章

【量價實作課 2】
分時圖的3種上漲走勢，你一定要知道！

第 8 章

【量價實作課 3】
盯緊放大量的個股，3支漲停賺一波！

前言
看懂 K 線圖，
你也能在起漲前買進強勢股！

　　股市如人生，人生亦如股市，跌跌宕宕、起起伏伏；人生艱難，歲月知曉，股市艱辛，帳戶知道。股市作為一個證券投資交易市場，其實是一個零和博弈的市場。

　　雖然所有投資人的機會都是平等的，但由於不同程度受到國際經濟形勢不景氣、上市公司資訊造假、主力機構內幕交易、老鼠倉利益輸送、投資人能力素質等因素的影響，能在股市中賺到錢的只是少數人。正所謂「七虧二平一賺」，多數人都承擔著不同程度的虧損。

　　股市不同情弱者，馬太效應（Matthew Effect）的「強者愈強、弱者愈弱」現象，是國內股市的真實寫照，也是做股票就要做強勢股的依據。

　　某些國家就目前形勢而言，股市並不完全存在如巴菲特所宣導的長期價值投資機會。想在股市上儘快賺到錢，尋找強勢股進

行短線操作、快進快出，是包括主力機構在內的廣大投資人的最佳選擇。

大道至簡，順勢而為，做強勢股、做上升趨勢立竿見影，一般情況下當天買入當天就能產生收益。市場上異軍突起的許多飆股、大黑馬都是從強勢股中走出來的。強勢股中必定有主力機構在運作，主力機構操作一檔股票，無論有意還是無意，都會留下蛛絲馬跡，這就為投資人操盤提供了機會。

做強勢股做上升趨勢，其實就是做強勢節點，只做啟動至拉升或拉高這幾節，就如竹筍破土見日成長最快的這幾節。若能在生長速度變慢之前撤退離場，既省時省力還省資金。

想要發掘、抓住強勢股，做好強勢節點，必須學好基礎理論、練好基本功。在操盤實踐中真實感悟市場，不斷累積實戰經驗和獨特見解，形成自己的操盤思路、操盤風格和操盤模式。

本書主要以短線交易及短期行情操盤為主，運用大量實戰案例，詳細解析主力機構在操盤強勢股過程中的思路、方法及技巧。引導投資人做出準確分析，並理解操盤手的操盤細節、做盤手法和操縱目的，精準掌握買賣點，做到與主力同行，實現短線快速獲利。實戰操盤中，投資人一定要結合股價在 K 線走勢中所處的位置、成交量及均線型態等各種因素，分析研判後做慎重決策。

股市有風險，跟主力需謹慎。筆者將 20 多年操盤經驗和感悟述諸筆端、融入書中，為投資人提供操盤思路和技法。但千萬不能照搬照抄，投資人一定要根據手中股票的具體情況，通盤分

析考慮後再決定是否買賣。

　　路雖遠，行將必至；事再難，做則必成。操作股票如同蓋房子，要從打基礎開始，既要有豐富的理論知識，又要有足夠的經驗教訓積累。

　　本人雖然從事證券投資 20 多年，但在證券專業知識結構、投資理念風格、操盤風險控制等方面還有許多缺陷，必然導致本書會有很多錯誤、缺失和不足。還請各路投資大家和讀者批評雅正，真心希望本書對讀者有所啟發和幫助。

Chapter 1

從K線看出，漲停強勢股的4種盤面特徵！

1-1
強勢盤面主要特徵——
走勢強於當天大盤

　　強勢盤面是主力機構已經控盤或大致控盤的盤面，在主力機構的操縱之下，會突顯出與其他下跌、橫盤個股盤面不一樣的特徵。

　　但由於強勢盤面特徵太過繁雜，有些指標和參數來回反覆變化太快，沒有細分的必要和意義。以下只分析強勢盤面明顯的重要特徵，有助於投資人在實戰中做為參考。

　　投資人要以科學的方式，去理解和看待「走勢強於當天大盤」作為強勢盤面主要特徵這個問題。大盤處於快速上升、緩慢上升、橫盤或下跌階段時，我們追蹤或操作的目標股票，應該是同期或當天強於大盤的，才能算得上「走勢強於當天大盤」。

　　強勢股也允許短期的或較小幅度的整理，總的要求是處於上升趨勢，加上各項技術指標總體強勢，這類股票才能在主力機構拉升和資金的追捧下，個股盤面走勢明顯強於當天大盤。如果是概念或熱門熱點板塊強勢股，其走勢應該會持續強於大盤（多日

或一段時間），此種強勢個股和強勢盤面最具操作價值。

　　主要表現在以下兩點：一是當天漲幅明顯高於大盤，後市甚至脫離大勢，走出自己的獨特行情；二是上漲速度快、回檔幅度小，盤面主動性賣盤和大賣單少。

　　圖 1-1 是 000516 國際醫學 2021 年 4 月 21 日收盤時的分時走勢圖。該股當時屬於「醫美概念」熱門股，漲勢一直領先於大盤。當天走勢明顯強於大盤，漲幅高於大盤，分時價格線始終在分時均價線上方運行，走勢穩重。中午之後股價雖然有所回落，但不影響其整體強勢。

　　圖 1-2 則是上證指數 2021 年 4 月 21 日收盤時的分時走勢圖，一整天沒有高低點，平淡無奇。

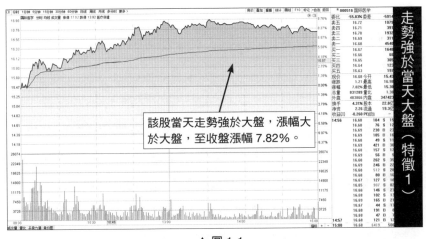

▲ 圖 1-1

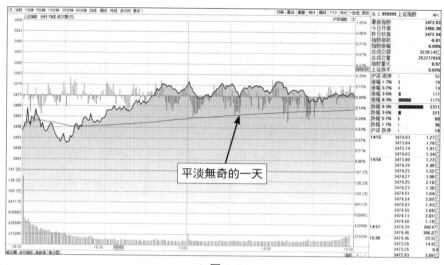

平淡無奇的一天

▲ 圖 1-2

　　圖 1-3 是 000516 國際醫學 2021 年 4 月 21 日收盤時的 K 線走勢圖，可以看出，此時個股走勢處於上升趨勢中。

　　股價從前期相對高位 2019 年 4 月 10 日最高價 7.59 元，一路震盪下跌，至 2020 年 4 月 28 日最低價 3.92 元止跌。下跌時間較長、跌幅較大，期間有過 1 次較大幅度的反彈。

　　2021 年 4 月 21 日，主力機構已將股價從 2020 年 4 月 28 日的最低價 3.92 元，拉升至當日的最高價 16.98 元。此時漲幅雖然比較大，但個股強勢特徵依舊。均線呈多頭排列，MACD、KDJ 等技術指標盡顯強勢，主力機構沒有大量出貨的跡象，個股走勢明顯強於大盤，後市繼續看好，投資人可以繼續持股待漲。

　　圖 1-4 是上證指數 2021 年 4 月 21 日收盤時的 K 線走勢圖，大盤處於下跌之後的震盪整理狀態，確實較弱。

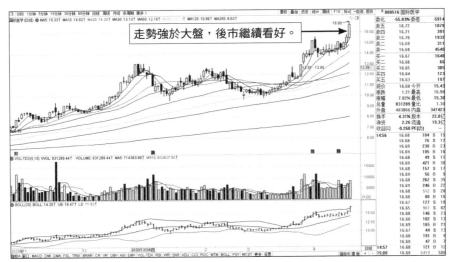

▲ 圖 1-3

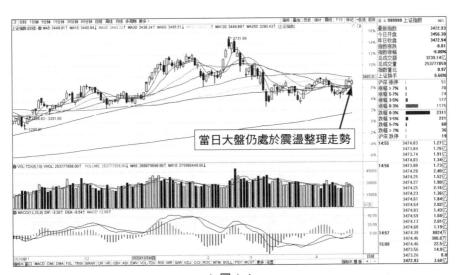

▲ 圖 1-4

1-2
盤面一：開盤即封停的
一字漲停板

漲停盤面是強勢盤面之一，也是最強勢的盤面特徵。一般情況下，漲停盤面分為四種。

第一種是主力機構開盤即封停的強勢一字漲停板。這是最強勢的漲停盤面，開盤價即漲停價，主要是受重大利多消息刺激等影響，個股在集合競價時就直奔漲停。此後的交易日中，主力機構常常借勢連續拉出一字漲停板。

第二種是主力機構在開盤後，一波就封漲停的熱門熱點板塊強勢股，以主力機構瞬間封漲停板為主要特徵。

第三種是開盤後，多波次接力封漲停板的題材板塊強勢股，是由主力機構領漲與眾資金追捧推升個股漲停，以主力機構拉升為主要動力。

第四種是主力機構在開盤後窄幅橫盤震盪洗盤吸籌，然後突發封漲停板的利多強勢股。

一般投資人想追上第一和第二種漲停強勢股，要充分利用

「價格優先，時間優先」的交易規則，在早盤集合競價時搶先掛單排隊。

　　至於第三、四種強勢漲停個股，投資人在跟進前，對股價所處位置以及各項指標完整分析後，再決定是否進場。

　　本節先介紹第一種類型「開盤即漲停的一字漲停板」。此類在集合競價時，股價就已經封在漲停板上了。其中原因是多方面的，有重大利多消息的刺激、有特殊資金的關注炒作等。

　　但仔細分析後發現，大多數個股在一字漲停板前，基本上拉出過多個漲停板，且股價已走出底部處於上升趨勢，或經過長時間橫盤震盪整理正蓄勢待發，說明此時主力機構已經高度控盤。因此實際上，大多數一字漲停板都是主力機構謀劃運作的結果。

　　圖 1-5 是 002284 亞太股份 2021 年 4 月 19 日收盤時的分時走勢圖。該股當日漲停開盤，至收盤漲停板沒被打開，收出一字漲停板，股價的強勢特徵十分明顯。啟動漲停的主要原因是受華為賣車、正式進入無人駕駛領域利多的影響。

　　雖然當天成交量較前一交易日大幅萎縮（一字漲停的原因），但如果投資人在早盤集合競價時，就以漲停價掛買單排隊，還是有機會買進。因為剛開盤時的成交量還是很大的，形成小堆量。

　　圖 1-6 是 002284 亞太股份 2021 年 4 月 19 日開盤後至 9:32 的分時圖。從開盤後 2 分多鐘分時圖右邊的成交明細上來看，成千上百張的成交量很多，投資人只要在集合競價一開始，就直接以

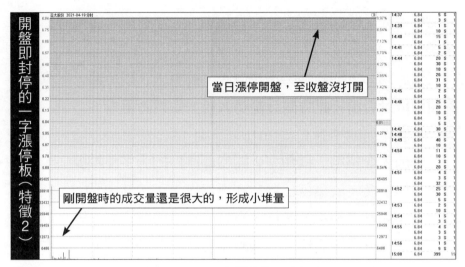

▲ 圖 1-5

▲ 圖 1-6

漲停價掛買單排隊，買進機會還是很大的。一直到收盤成百上千張的買單，還是成交了不少。

　　圖 1-7 是 002284 亞太股份 2021 年 4 月 19 日收盤時的 K 線走勢圖，可以看出，此時個股走勢處於上升趨勢中。

　　股價從前期相對高位 2016 年 4 月 18 日最高價 24.70 元，一路震盪下跌，至 2018 年 10 月 19 日最低價 3.91 元止跌。下跌時間較長、跌幅大，期間有多次較大幅度的反彈。

　　2018 年 10 月 19 日止跌後，主力機構快速推升股價，收集籌碼，然後展開大幅度橫盤震盪整理（挖坑）洗盤行情。期間主力機構高賣低買，獲利與洗盤吸籌並舉，考驗投資人的信心和耐力。

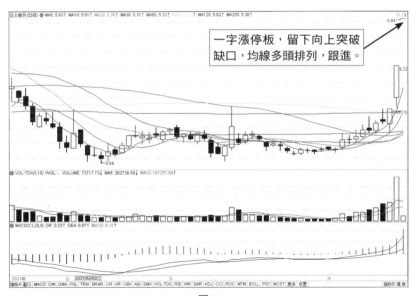

▲ 圖 1-7

　　2021 年 4 月 16 日，持續大幅震盪整理兩年多時間後，主力機構配合利多消息拉出一個大陽線漲停板。突破前高，留下向上跳空突破缺口，形成大陽線漲停 K 線型態，成交量較前一交易日放大 2 倍多。

　　此時均線呈多頭排列，MACD、KDJ 等技術指標走強，主力機構正式啟動拉升行情，投資人可在當日或次日進場。

　　4 月 19 日，主力機構在前一交易日拉出大陽線漲停板的基礎上，拉出一字漲停板（形成一字漲停 K 線型態），再次留下向上突破缺口。成交量較前一交易日萎縮，股價的強勢特徵特別明顯，做多氛圍濃厚，短期持續快速上升機率大。此時投資人可積極尋機進場買入籌碼，待出現明顯見頂訊號後賣出。

　　圖 1-8 是 000151 中成股份 2022 年 5 月 19 日收盤時的分時走

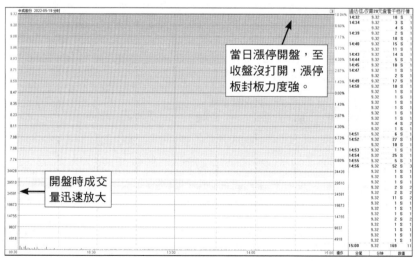

▲ 圖 1-8

勢圖。該股當日漲停開盤，至收盤漲停板沒被打開，收出一字漲停板，股價的強勢特徵十分明顯。

雖然當天成交量較前一交易日大幅萎縮（一字漲停的原因），但如果投資人在早盤集合競價時，就以漲停價掛買單排隊等待買進，還是有機會的，因為剛開盤時的成交量比較大。

圖 1-9 是 000151 中成股份 2022 年 5 月 19 日開盤後至 9:32 的分時圖。從開盤後 2 分多鐘分時圖右邊的成交明細上來看，成千上百張的成交量很多，投資人只要在集合競價一開始，就直接以漲停價掛買單排隊等待，買進機會還是很大的。即使當天買不上，也可以在次日進場買進。

圖 1-10 是 000151 中成股份 2022 年 5 月 19 日收盤時的 K 線走勢圖，可以看出，此時個股走勢正處於前期高位下跌止穩回升

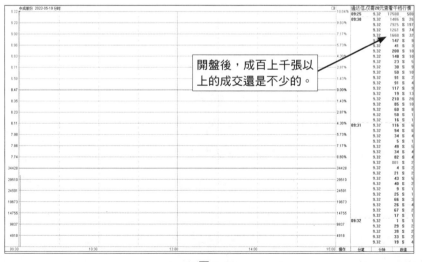

▲ 圖 1-9

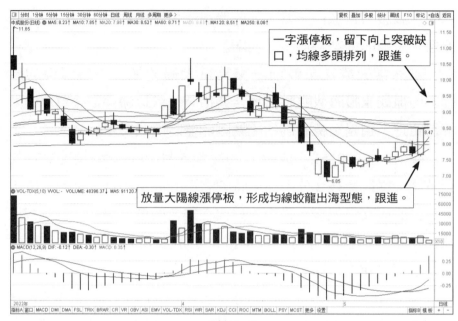

一字漲停板,留下向上突破缺口,均線多頭排列,跟進。

放量大陽線漲停板,形成均線蛟龍出海型態,跟進。

▲ 圖1-10

(反彈)之中。

　　股價從前期相對高位 2015 年 10 月 23 日最高價 31.48 元,一路震盪下跌,至 2021 年 2 月 8 日最低價 6.08 元止跌,下跌時間長、跌幅大,期間有多次較大幅度的反彈。

　　2021 年 2 月 8 日該股止跌後,主力機構快速推升股價,收集籌碼,然後展開大幅度橫盤震盪整理(挖坑)洗盤行情。橫盤震盪整理(挖坑)洗盤期間,主力機構高賣低買,獲利與洗盤吸籌並舉,考驗投資人的信心和耐力。

　　2022 年 5 月 18 日,持續大幅震盪整理一年多時間後,主力機構配合利多消息,拉出一個大陽線漲停板,突破前高,形成大

陽線漲停 K 線型態，成交量較前一交易日明顯放大。股價向上穿過 5 日、10 日、20 日和 250 日均線（一陽穿 4 線），30 日、60 日均線在股價上方向下運行，90 日、120 日均線在股價上方上行，均線蛟龍出海型態形成。

此時，均線呈多頭排列（除 20 日、30 日和 60 日均線外），MACD、KDJ 等技術指標走強，主力機構正式啟動拉升行情，投資人可以在當日或次日進場。

5 月 19 日，主力機構在前一交易日拉出大陽線漲停板的基礎上，拉出一字漲停板（形成一字漲停 K 線型態），留下向上突破缺口，成交量較前一交易日明顯萎縮（因為是一字漲停板，所以成交稀少）。

此時，短中長期均線呈多頭排列，MACD、KDJ 等技術指標持續走強，股價的強勢特徵特別明顯，做多氛圍濃厚，短期持續快速上漲的機率很大。投資人可在當日或次日積極尋機進場，加倉買進籌碼，待股價出現明顯見頂訊號後賣出。

1-3
盤面二：開高一波封漲停

　　開高一波封漲停，是指**個股早盤跳空開高然後主力機構急速拉升一個波次，將股價瞬間封漲停板**。這種漲停板主要由重大利多驅動，一般投資人除非在早盤集合競價時以漲停價掛買單排隊，否則一般很難買到。

　　圖 1-11 是 000615 奧園美谷 2021 年 4 月 22 日收盤時的分時走勢圖。該股當天大幅跳空開高 6.45%，然後一個波次急速封漲停板。

　　漲停的主要原因為「醫美概念＋戰略合作協定」概念炒作。奧園美谷 4 月 21 日晚間公告稱，全資子公司廣州奧美與 KD Medical,co.,ltd. 簽署《戰略合作協議》，就廣州奧美與 KD Medical 美麗健康產業合作事宜達成初步意向。

　　受利多衝擊，該股開盤後股價急速上衝，一波直接衝至漲停，至收盤漲停沒打開，盤面強勢特徵明顯。

　　圖 1-12 是 000615 奧園美谷 2021 年 4 月 22 日上午開盤後至

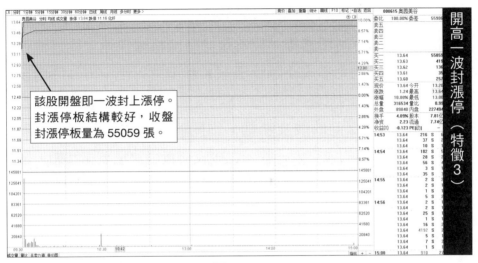

該股開盤即一波封上漲停。封漲停板結構較好，收盤封漲停板量為 55059 張。

開高一波封漲停（特徵 3）

▲ 圖 1-11

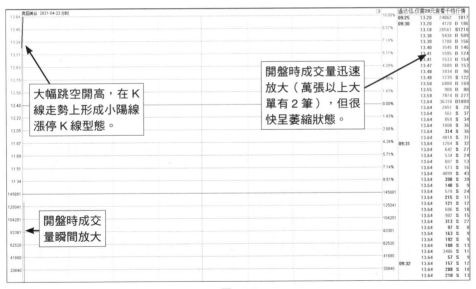

大幅跳空開高，在 K 線走勢上形成小陽線漲停 K 線型態。

開盤時成交量迅速放大（萬張以上大單有 2 筆），但很快呈萎縮狀態。

開盤時成交量瞬間放大

▲ 圖 1-12

9:32 的分時圖。從該股 2 分多鐘的分時圖看，左上方為開市後的大幅跳空開高分時價格線。開盤後分時價格線快速上衝封漲停板，在 K 線走勢上形成小陽線漲停 K 線型態，左下方為開盤後成交量迅速放大的量柱。

右邊是 9:32 前的成交明細，從開盤後的成交明細可以看出，只有開盤時的成交大一些，之後成交量很快呈萎縮狀態，投資人除非在集合競價時直接以漲停價掛買單排隊，才有買進的希望。當天其他時候想買進的，基本上不可能成功。但也可以在之後的交易日，視情況逢低買入籌碼。

圖 1-13 是 000615 奧園美谷 2021 年 4 月 22 日收盤時的 K 線走勢圖，可以看出，此時個股處於上升趨勢中。股價從前期相對高位 2017 年 4 月 17 日最高價 26.94 元，一路震盪下跌，至 2020

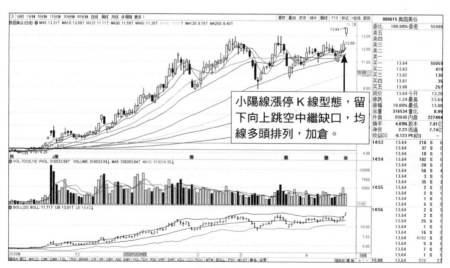

▲ 圖 1-13

年 2 月 5 日最低價 3.19 元止跌，整理下跌時間長、跌幅大，期間有多次較大幅度的反彈。

2020 年 2 月 5 日止跌後，主力機構快速推升股價，收集籌碼，然後展開大幅度震盪盤升洗盤（挖坑）行情。震盪盤升洗盤（挖坑）期間，主力機構高賣低買，獲利與洗盤吸籌並舉，考驗投資人的信心和耐力。

2020 年 11 月 16 日，持續大幅震盪盤升洗盤（挖坑）行情 9 個多月後，個股開高收出一根大陽線，突破前高（坑沿），成交量較前一交易日明顯放大。

此時，均線呈多頭排列，MACD、KDJ 等技術指標走強，股價的強勢特徵非常明顯，做多氛圍濃厚，股價短期持續快速上漲的機率很大。這種情況時，投資人可在當日或次日積極買進籌碼，待股價出現明顯見頂訊號後賣出。

2021 年 4 月 22 日，主力機構配合利多消息跳空開高，拉出一個小陽線漲停板。突破前高，留下向上跳空中繼缺口，形成小陽線漲停 K 線型態，成交量較前一交易日萎縮。

此時均線呈多頭排列，MACD、KDJ 等技術指標走強，股價的強勢特徵特別明顯，做多氛圍濃厚，主力機構快速拉升行情已經啟動。這時候投資人可積極進場，擇機加倉買入籌碼，待出現明顯見頂訊號後賣出。

圖 1-14 是 000025 特力 A2022 年 5 月 27 日收盤時的分時走勢圖。該股當天大幅跳空開高 5.00%，然後一個波次急速封漲停板，漲停的主要原因為「汽車服務＋珠寶服務」概念炒作。

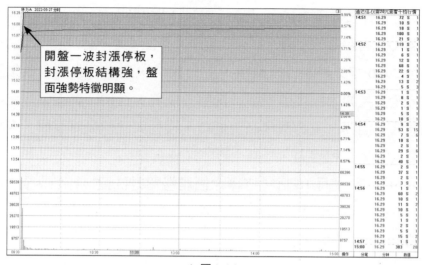

▲ 圖 1-14

　　受利多衝擊,該股在前面拉出兩個大陽線漲停板的基礎上,當日大幅開高,一波直接封漲停板,至收盤漲停沒打開,漲停板封板結構強,盤面強勢特徵明顯。

　　圖1-15是000025特力A 2022年5月27日開盤後至9:32的分時圖。從該股2分多鐘的分時圖看,左上方為開市後的大幅跳空開高分時價格線,開盤後分時價格線快速上衝封漲停板,在K線走勢上形成小陽線漲停K線型態。

　　左下方為開盤後成交量迅速放大的量柱。右邊是9:32前的成交明細,從開盤後的成交明細可以看出,開盤後成交量迅速放大,成千上萬張的成交很多。9:32左右股價封漲停板後,成千上百張的賣盤不斷成交。

　　一般投資人在集合競價時,若直接以漲停價掛買單排隊,基

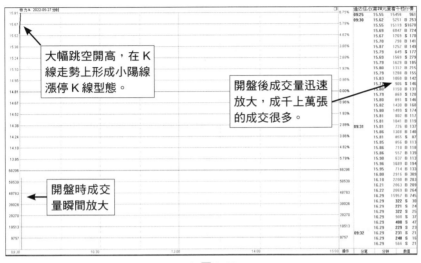

大幅跳空開高，在 K 線走勢上形成小陽線漲停 K 線型態。

開盤後成交量迅速放大，成千上萬張的成交很多。

開盤時成交量瞬間放大

▲ 圖 1-15

本上都能買進。開盤後馬上進場，還是有希望買進的；沒有也沒關係，可以在後面的交易日視情況進場，逢低買入籌碼。

　　圖 1-16 是 000025 特力 A 2022 年 5 月 27 日收盤時的 K 線走勢圖，可以看出，此時個股走勢正處於前期高位下跌止穩回升（反彈）之中。

　　股價從前期最高位 2015 年 12 月 10 日最高價 108.00 元，一路震盪下跌，至 2022 年 4 月 27 日最低價 10.06 元止跌。下跌時間長、跌幅大，期間有過 5 次較大幅度的反彈。在下跌的後期，主力機構就開始提前謀劃、通盤佈局、打壓股價、收集籌碼。

　　2022 年 4 月 27 日止跌後，主力機構快速推升股價，收集籌碼，K 線走勢呈紅多綠少、紅肥綠瘦狀態。

　　5 月 13 日個股開高，拉出一個大陽線漲停板，突破前高，

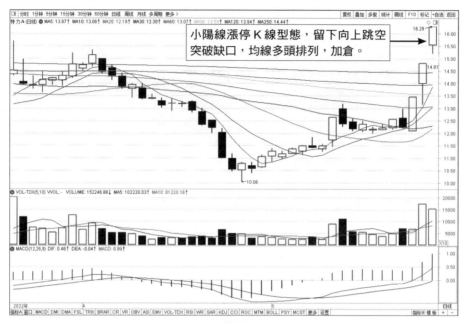

小陽線漲停 K 線型態，留下向上跳空突破缺口，均線多頭排列，加倉。

▲ 圖 1-16

形成大陽線漲停 K 線型態，成交量較前一交易日放大 3 倍多。此時，均線系統較弱（只有 5 日、10 日均線上行），但 MACD、KDJ 等技術指標走強。

從 5 月 16 日開始，主力機構展開強勢整理洗盤行情。此時，投資人可以在當日或次日進場，逢低分批買入籌碼。5 月 25 日、26 日，主力機構連續拉出 2 個大陽線漲停板。

5 月 27 日主力機構配合利多消息，在前 2 個交易日拉出大陽線漲停板的基礎上，大幅跳空開高 5.00%，拉出一個小陽線漲停板。突破前高，留下向上跳空突破缺口，形成小陽線漲停 K 線型態。

　　此時，均線呈多頭排列，MACD、KDJ 等技術指標持續走強，股價的強勢特徵特別明顯，做多氛圍濃厚，股價短期持續快速上漲的機率很大。投資人可在當日或次日積極尋機進場，加倉買進籌碼，待股價出現明顯見頂訊號後賣出。

1-4
盤面三：
多波次接力封漲停

　　多波次接力封漲停，是指**個股開盤後分時價格線向上運行多個波次，然後封漲停板**。理論上來說，越少波次上衝封漲停的個股，表示其股性越強；越多波次上衝封漲停的個股，表示其股性越弱。當然，投資人還是要分析目標股票其他技術指標後，再決定是否進場。

　　圖1-17是600185格力地產2021年4月21日收盤時的分時走勢圖。該股受「公司有計劃收購免稅集團、子公司以8.8億元競得港珠澳大橋口岸免稅商務地塊」利多衝擊。當天開低後，多波次震盪向上封漲停板，至收盤漲停板沒有被打開，分時盤面強勢特徵較為明顯。

　　圖1-18是600185格力地產2021年4月21日收盤時的K線走勢圖，可以看出，該股前期有過一波大漲，光漲停板就拉出12個，其中一字板有8個。

　　此時個股處於前期高位下跌之後的反彈趨勢中，股價從前

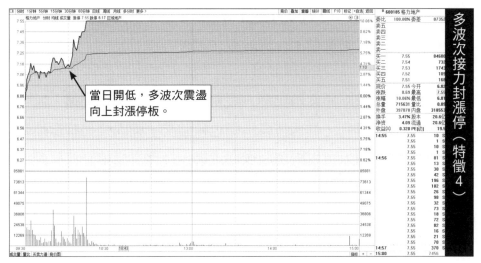

▲ 圖 1-17

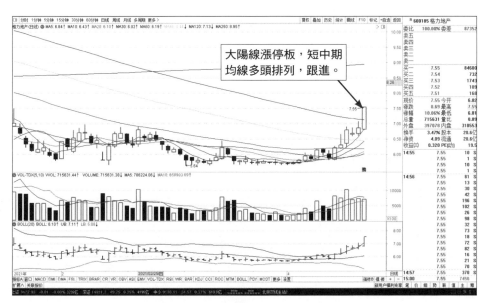

▲ 圖 1-18

期相對高位 2020 年 7 月 9 日最高價 18.10 元，一路震盪下跌，至 2021 年 1 月 8 日最低價 5.11 元止跌，展開反彈行情。

4 月 21 日，主力機構開低拉出一個大陽線漲停板，突破前高，形成大陽線漲停 K 線型態，成交量較前一交易日萎縮。短中期均線呈多頭排列，其他技術指標也較強勢，盤面強勢特徵比較明顯。此時投資人可以視個股後期走勢，擇機進場搶一波反彈，待股價出現明顯見頂訊號後賣出。

圖 1-19 是 002333 羅普斯金 2022 年 7 月 7 日收盤時的分時走勢圖。該股當天開平，之後分 3 個波次快速上衝封漲停板，漲停原因為「建築材料＋光伏」概念炒作。

受利多衝擊該股當日開平，3 個波次直接封漲停板，至收盤漲停板沒打開，漲停板封板結構好，盤面強勢特徵明顯。

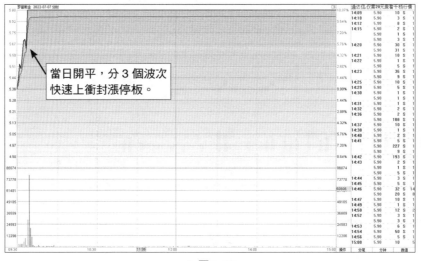

▲ 圖 1-19

　　圖 1-20 是 002333 羅普斯金 2022 年 7 月 7 日收盤時的 K 線走勢圖，可以看出，此時個股走勢正處於前期高位下跌止穩後的上漲走勢中。

　　股價從前期相對高位 2018 年 7 月 24 日的最高價 18.99 元，一路震盪下跌，至 2019 年 8 月 12 日最低價 3.80 元止跌，下跌時間長、跌幅大，期間有過 1 次較大幅度的反彈。

　　2019 年 8 月 12 日止跌後，主力機構展開大幅度震盪盤升洗盤（挖坑）行情。震盪盤升洗盤（挖坑）期間，主力機構高賣低買，獲利與洗盤吸籌並舉，考驗投資人的信心和耐力。

　　2022 年 7 月 7 日，在持續大幅震盪盤升洗盤（挖坑）行情

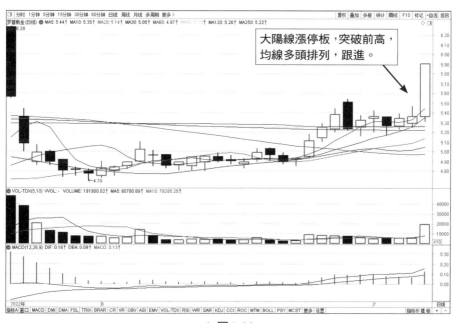

▲ 圖 1-20

近3年後，主力機構配合利多消息，拉出一個大陽線漲停板。突破前高，形成大陽線漲停K線型態，成交量較前一交易日放大3倍多。

此時均線呈多頭排列，MACD、KDJ等技術指標走強，股價的強勢特徵非常明顯，做多氛圍濃厚，股價短期持續快速上漲的機率很大。這種情況時，投資人可在當日或次日積極尋機進場，待股價出現明顯見頂訊號後賣出。

1-5

盤面四：窄幅橫盤整理突破漲停

　　窄幅橫盤整理突發漲停，是指**個股開盤後，股價被主力機構控制在較小的幅度內，展開較長時間的橫盤整理後，突然上衝封停**。即分時價格線平靜地橫向運行較長時間後，突然發力衝高封漲停板。

　　其中原因有可能是當時大盤疲軟或跳水，主力機構將股價控制在較小的幅度內橫盤整理，以免引起恐慌，也可能是主力機構拉升前洗盤吸籌的需要等等。投資人在操盤過程中要注意，一般情況下這類漲停個股，會比多波次上衝封漲停板個股的股性弱一些。

　　圖 1-21 是 002587 奧拓電子 2021 年 4 月 22 日收盤時的分時走勢圖。該股當日開高後，主力機構展開窄幅橫盤整理，整理期間股價走勢平穩，成交量呈萎縮狀態。13:30 分時價格線突然直線上衝封漲停板，成交量同步放大，至收盤漲停板未打開。

　　漲停原因為，企業助力建設的電信公司 DITO Telecommunity

窄幅橫盤整理突破漲停（特徵 5）

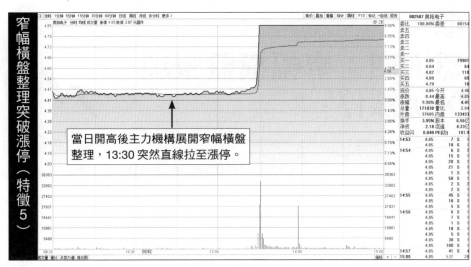

當日開高後主力機構展開窄幅橫盤整理，13:30 突然直線拉至漲停。

▲ 圖 1-21

首批 4 家智慧營業廳完工投入試營業，代表奧拓電子金融科技業務在東南亞正式落地。

當日漲停板封板結構一般，若投資人想進場，開盤後橫盤整理期間，就是逢低買進籌碼的好時機。

圖 1-22 是 002587 奧拓電子 2021 年 4 月 22 日收盤時的 K 線走勢圖，可以看出，此時個股走勢正處於前期高位下跌止穩之後的反彈走勢中。當天漲停是股價長期下跌及橫盤整理之後，受利多消息驅動所展開的強烈反彈。

當日個股開高收出一個大陽線漲停板，突破前高，形成大陽線漲停 K 線型態，成交量較前一交易日放大 4 倍多。

此時均線呈多頭排列，MACD、KDJ 等技術指標開始走強，盤面的強勢特徵較為明顯，後續短期上漲的機率大。投資人可擇

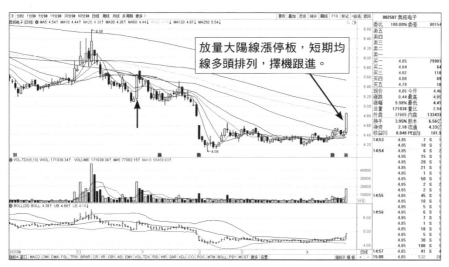

放量大陽線漲停板，短期均線多頭排列，擇機跟進。

▲ 圖 1-22

機進場買入籌碼，但以短期操作為主，要注意盯盤、關注成交量變化，待股價出現見頂訊號後，立馬出場。

　　圖 1-23 是 000759 中百集團 2022 年 9 月 8 日收盤時的分時走勢圖。該股當日向上跳空開高後，主力機構展開窄幅橫盤整理，整理期間股價走勢平穩，成交量呈萎縮狀態。

　　11:18 左右，分時價格線突然直線上衝，急速封漲停板，成交量同步放大。13:05 左右，漲停板被大賣單打開，13:09 封回漲停板，瞬間又被大賣單打開，13:12 封回漲停至收盤。

　　漲停原因類別為「零售＋預製菜＋免稅店＋一帶一路」概念炒作。圖 1-24 是 000759 中百集團 2022 年 9 月 8 日收盤時的 K 線走勢圖，可以看出，此時個股走勢正處於前期高位下跌止穩後的上漲（反彈）走勢中。

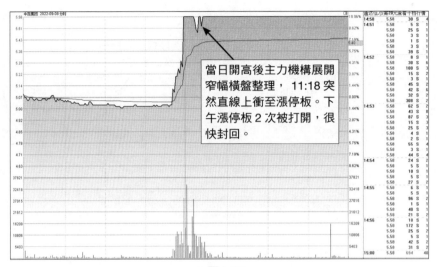

當日開高後主力機構展開窄幅橫盤整理，11:18 突然直線上衝至漲停板。下午漲停板 2 次被打開，很快封回。

▲ 圖 1-23

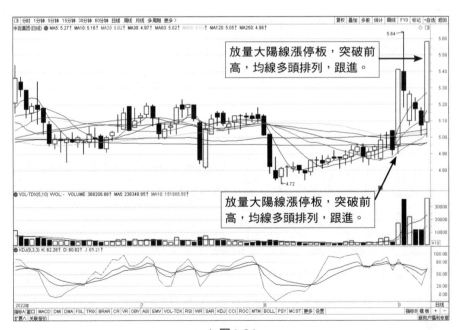

放量大陽線漲停板，突破前高，均線多頭排列，跟進。

放量大陽線漲停板，突破前高，均線多頭排列，跟進。

▲ 圖 1-24

　　股價從前期相對高位 2019 年 4 月 3 日的最高價 8.94 元，一路震盪下跌，至 2022 年 3 月 9 日最低價 4.42 元止跌。下跌時間長、跌幅大，期間有過多次較大幅度的反彈。

　　2022 年 3 月 9 日止跌後，主力機構快速推升股價，收集籌碼，之後展開橫盤震盪整理（挖坑）洗盤行情，清洗獲利盤和前期套牢盤，繼續收集籌碼。

　　2022 年 9 月 1 日，主力機構開高拉出一個大陽線漲停板，突破前高，形成大陽線漲停 K 線型態，成交量較前一交易日放大 6 倍多。此時均線呈多頭排列，MACD、KDJ 等技術指標走強，股價的強勢特徵已經顯現，做多氛圍濃厚，投資人可以在當日或次日進場。

　　9 月 2 日，主力機構開低衝高回落展開強勢洗盤，連續整理 4 個交易日，成交量呈萎縮狀態，正是投資人逢低買進的好時機。

　　9 月 8 日主力機構配合利多消息，跳空開高拉出一個大陽線漲停板，突破前高，形成大陽線漲停 K 線型態，成交量較前一交易日放大 3 倍多。

　　此時，均線呈多頭排列，MACD、KDJ 等技術指標持續強勢，股價的強勢特徵非常明顯，做多氛圍濃厚，股價短期持續快速上漲的機率很大。投資人可在當日或次日積極尋機進場，待股價出現明顯見頂訊號後賣出。

Chapter 2

向上跳空開高多少％，
你才該進場？

　　向上跳空開高是強勢盤面的重要特徵，**開高後的缺口位置往往成為個股股價的重要支撐位，是一種比較明顯的上漲訊號。**

　　對於向上跳空缺口，有高手形容為：跳空缺口（3日）不補，後市漲如猛虎。這種說法是有一定道理的，因為股價開高走高，表示主力機構有很強的操盤計劃性，其操盤目的明確堅定，在拉升期間不想讓太多散戶跟進獲利。

　　同時，由於人們的追漲心理或買強不買弱的心態，對早盤股價開高的個股，投資人買入欲望更加強烈，願意用更高價格買入籌碼，這就會導致供需關係緊張。特別是那些開盤就一字漲停的股票，買一位置總是有很大數量的買盤掛單等候買進，預示該股後市被投資人看好，上漲空間非常大。

　　投資人也要注意，早盤股價開高的很多個股，後期走勢也會出現下跌或橫盤整理，所以操盤過程中要特別謹慎，防止被套。還是老辦法，及時分析目標股票股價所處位置和其他技術指標後，再謹慎決定是否進場。

　　為便於分析研究，以下依據跳空開高的幅度，把向上跳空開高個股強勢盤面的缺口幅度，分為三個類別說明。

2-1

向上跳空開高 2% ～ 4%，強勢盤面的起點

一般情況下，個股開盤向上跳空開高留下跳空缺口的盤面，才能稱為強勢盤面。為什麼選擇向上跳空開高 2% 以上作為強勢盤面的起點呢？因為在平衡市中，主力機構為了 3% 的獲利，無時無刻不在籌畫設計、引誘投資人入局。

所以正常情況下，一檔股票當天能跳空開高達到 2% 以上，且集合競價掛單數量與其實際流通盤的比例適當，個股的各項技術指標已經走強的話，就是比較強勢的盤面了。如果分時量能放量配合，當天的上漲還是值得期盼的。

圖 2-1 是 002750 龍津藥業 2021 年 12 月 23 日收盤時的分時走勢圖。該股當日向上跳空 2.66% 開盤，瞬間封漲停板，至收盤漲停板沒打開，分時盤面強勢特徵相當明顯。

漲停的主要原因為「中藥＋工業大麻」概念炒作。公司為從事現代中藥及特色化學仿製藥研發、生產與銷售的製藥公司。以 1500 萬增資牧亞農業，並取得其 51% 的股權；牧亞農業主要業

務為規模化種植工業大麻。可見，當天的跳空開高和漲停，有主
力機構利用利多順勢拉高漲停封板的原因。

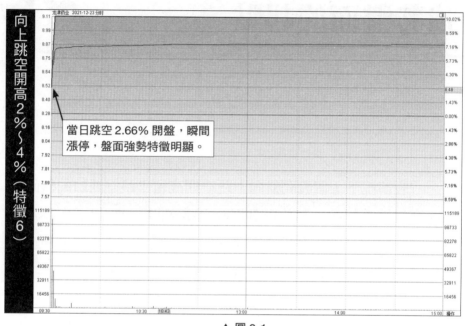

向上跳空開高 2%～4%（特徵 6）

當日跳空 2.66% 開盤，瞬間漲停，盤面強勢特徵明顯。

▲ 圖 2-1

　　圖 2-2 是 002750 龍津藥業 2021 年 12 月 23 日開盤後至 9:32
的分時圖。從該股 2 分多鐘的分時圖可知，雖然當日該股只向上
跳空開高 2.66% 開盤，但從左上方開市後的開高分時價格線來
看，開盤後分時價格線急速上衝封漲停板，在 K 線走勢上形成
大陽線漲停 K 線型態。

　　左下方為開盤後成交量迅速放大的量柱。右邊是 9:32 前的
成交明細，從開盤後的成交明細可以看出，開盤後成交量迅速放

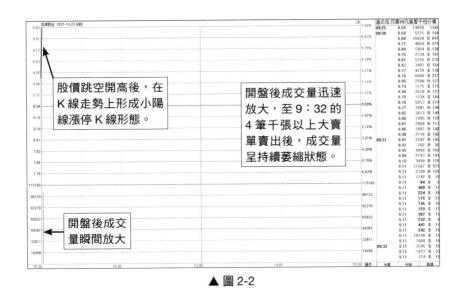

股價跳空開高後，在 K 線走勢上形成小陽線漲停 K 線形態。

開盤後成交量迅速放大，至 9：32 的 4 筆千張以上大賣單賣出後，成交量呈持續萎縮狀態。

開盤後成交量瞬間放大

▲ 圖 2-2

大，9:31 封漲停板之後成交量呈萎縮狀態，9:32 左右 4 筆千張以上大單賣出之後，成交量呈持續萎縮狀態。

　　投資人只要在當天集合競價時直接以漲停價掛買單排隊，或開盤後立即以漲停價掛買單跟進，應該有希望買進。當天其他時候買進的可能性比較小，但仍可以在後面的交易日內視情況進場，逢低買入。

　　圖 2-3 是 002750 龍津藥業 2021 年 12 月 23 日收盤時的 K 線走勢圖，可以看出，此時個股走勢處於上升趨勢中。股價從前期相對高位 2019 年 4 月 12 日最高價 23.52 元，一路震盪下跌，至 2021 年 10 月 28 日最低價 6.79 元止跌。下跌整理時間長、跌幅大，下跌期間有過 2 次較大幅度的反彈。

　　2021 年 10 月 28 日股價止跌後，主力機構展開橫盤震盪整理

（試盤）行情，洗盤吸籌。K線走勢紅多綠少，紅肥綠瘦。

12月22日主力機構開低拉出一個大陽線漲停板，突破前高，形成大陽線漲停K線型態，成交量較前一交易日放大4倍多。均線呈多頭排列（除250日均線外），MACD、KDJ等技術指標走強，強勢特徵已經非常明顯，可以在當日或次日進場。

12月23日，主力機構向上跳空2.66%開盤，再次拉出一個大陽線漲停板，突破前高，留下向上跳空突破缺口，形成大陽線漲停K線型態，成交量較前一交易日萎縮。

此時均線呈多頭排列，MACD、KDJ等技術指標走強，股價的強勢特徵特別明顯，做多氛圍濃厚。投資人可擇機積極進場，

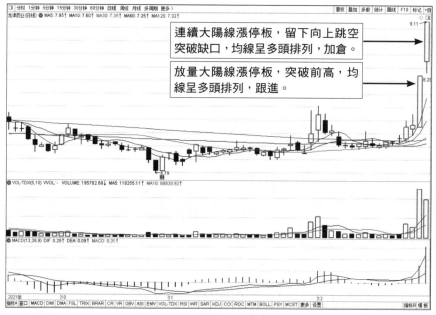

▲ 圖 2-3

逢低加倉買入籌碼，待出現明顯見頂訊號後賣出。

圖 2-4 是 002120 韻達股份 2021 年 4 月 23 日收盤時的分時走勢圖。該股當日向上跳空開高 3.94%，迅速震盪上行於 10：00 封漲停板，至收盤漲停板沒被打開，強勢特徵較明顯。

漲停的主要原因是，公司認購德邦股份非公開發行 A 股股票，已在中國證券登記結算有限責任公司完成股份登記。主力機構很明顯利用利多消息，早盤跳空開高並快速上行封漲停板。

圖 2-5 是 002120 韻達股份 2021 年 4 月 23 日收盤時的 K 線走勢圖，可以看出，此時該股處於高位下跌之後的築底反彈中。

股價從相對高位 2020 年 6 月 9 日最高價 39.37 元，一路震盪下跌，至 2021 年 4 月 19 日最低價 12.60 元止跌，整理下跌時間較長、跌幅大，期間有多次較大幅度反彈。

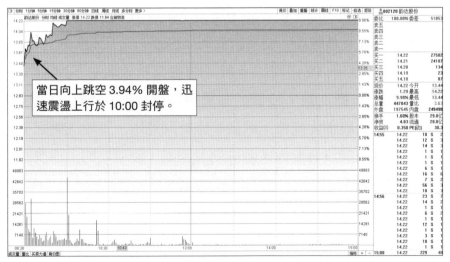

▲ 圖 2-4

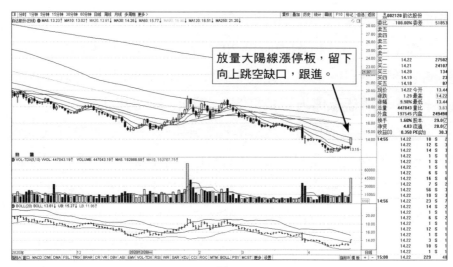

放量大陽線漲停板，留下
向上跳空缺口，跟進。

▲ 圖 2-5

　　2021 年 4 月 19 日股價止跌後，主力機構展開整理行情，收集籌碼。4 月 23 日主力機構向上跳空 3.94% 開盤，拉出一個大陽線漲停板，突破前高，留下向上跳空突破缺口，形成大陽線漲停 K 線型態，成交量較前一交易日放大 4 倍多。

　　此時，5 日、10 日均線上行（均線系統較弱），MACD、KDJ 等技術指標走強，股價的強勢特徵比較明顯，短期上漲機率較大（由於股價從高位下跌後築底時間過短、整理洗盤還不夠到位、均線系統沒有形成多頭排列等因素，股價短期上漲後回檔洗盤的機率大）。

　　投資人可以在當日或次日擇機進場買進籌碼，短線持有，並注意盯盤追蹤。若發現股價上漲乏力，或出現明顯整理訊號要及時出場，待整理到位後再接回。

2-2
向上跳空開高 4% ～ 6%，
牛市中常見

　　個股向上跳空開高 4%～6% 左右，且集合競價掛單數量較大，這種盤面是很強勢的盤面，一般是熱點板塊的強勢股，值得參與且很有實戰操盤價值。這種盤面在平衡市、弱市市場每個交易日出現的不是太多，是平衡市和弱市市場一道亮麗的風景線，在牛市卻是經常見到的盤面。

　　圖 2-6 是 002763 匯潔股份 2021 年 4 月 23 日收盤時的分時走勢圖。該股當日向上跳空 4.57% 開盤，小幅震盪盤整後於 10:22 封漲停板，至收盤漲停板沒打開，分時盤面還是比較強勢的。

　　漲停的主要原因是「業績增長＋紡織服裝」概念炒作，該公司 2021 年一季度實現營業收入 6.71 億元，同比增長 60.35%。歸屬於上市公司股東的淨利潤 1.10 億元，同比增長 530.49%。

　　公司以內衣行業為主要經營方向，採用多品牌發展戰略，在品牌定位、設計風格、目標客戶等方面創新發展，前景廣闊。主力機構利用業績增長利多，早盤跳空開高並快速上衝封停。

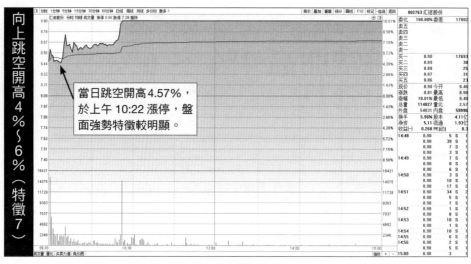

向上跳空開高 4% ～ 6%（特徵 7）

當日跳空開高4.57%，於上午10:22漲停，盤面強勢特徵較明顯。

▲ 圖 2-6

　　圖 2-7 是 002763 匯潔股份 2021 年 4 月 23 日收盤時的 K 線走勢圖，可以看出，此時個股走勢處於上升趨勢中。

　　股價從前期相對高位 2019 年 5 月 7 日最高價 11.43 元，一路震盪下跌，至 2021 年 2 月 5 日最低價 6.37 元止跌，整理下跌時間長、跌較大，期間有多次較大幅度反彈。

　　2021 年 2 月 5 日股價止跌後，主力機構快速推升股價，收集籌碼。4 月 14 日個股向上跳空 5.10% 開盤，收出一根大陽線，突破前高，留下向上突破缺口，成交量較前一交易日放大 6 倍多。

　　此時均線呈多頭排列（除 90 日均線外），MACD、KDJ 等技術指標走強，股價的強勢特徵已經非常明顯。投資人可以在當日或次日進場買進籌碼，此後股價穩步上漲。

　　4 月 23 日主力機構向上跳空 4.57% 開盤，拉出一個大陽線

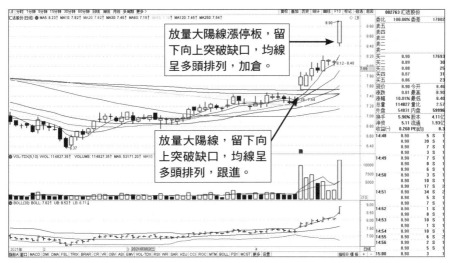

▲ 圖 2-7

漲停板，突破前高，留下向上突破缺口，形成大陽線漲停 K 線
型態，成交量較前一交易日放大 4 倍多。

　　此時均線呈多頭排列，MACD、KDJ 等技術指標走強，股價
的強勢特徵已經非常明顯，後市持續快速上漲機率大。投資人可
以在當日或次日進場，待股價出現明顯見頂訊號後再賣出。

　　圖 2-8 是 002951 金時科技 2021 年 12 月 31 日收盤時的分時走
勢圖。可以看出，該股當日向上跳空 5.06% 開盤，瞬間漲停，至
收盤沒打開，漲停封板結構好，分時盤面強勢特徵相當明顯。

　　漲停的主要原因為「新型煙草＋超級電容」概念炒作。公司
主營煙標等包裝印刷品的製造，實力處於行業中游水準，主要客
戶包括湖南中煙、雲南中煙、四川中煙等。

　　公司擬出資 2268 萬元與自然人楊維清共同投資設立金時新

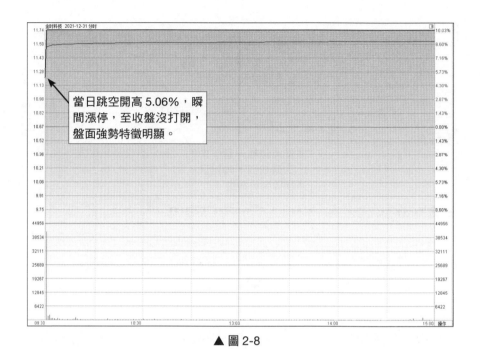

當日跳空開高 5.06%，瞬間漲停，至收盤沒打開，盤面強勢特徵明顯。

▲ 圖 2-8

能，標的公司擬組建專業團隊，開展超級電容器相關業務。很顯然，主力機構利用利多消息，早盤跳空開高並快速封漲停板。

圖 2-9 是 002951 金時科技 2021 年 12 月 31 日開盤後至 9:32 的分時圖。從該股 2 分多鐘的分時圖看，左上方為開市後的大幅跳空開高分時價格線，開盤後分時價格線快速上衝封漲停板，在 K 線走勢上形成小陽線漲停 K 線型態。左下方為開盤後成交量迅速放大的量柱。

右邊是 9:32 前的成交明細，從開盤後的成交明細可以看出，只有開盤時的成交大一些，之後成交量很快呈萎縮狀態。投資人除非在集合競價時，直接以漲停價掛買單排隊，才有希望買進。

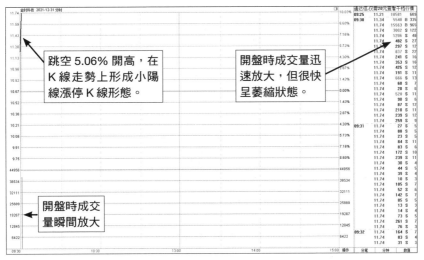

跳空 5.06% 開高，在 K 線走勢上形成小陽線漲停 K 線形態。

開盤時成交量迅速放大，但很快呈萎縮狀態。

開盤時成交量瞬間放大

▲ 圖 2-9

若當天其他時候想買進，基本上沒什麼希望，但仍可以在後面的交易日視情況進場，逢低買入籌碼。

圖 2-10 是 002951 金時科技 2021 年 12 月 31 日收盤時的 K 線走勢圖，可以看出，此時個股走勢處於高位下跌之後的上漲（反彈）中。

股價從相對高位 2020 年 7 月 6 日最高價 20.46 元，一路震盪下跌，至 2021 年 10 月 29 日最低價 8.89 元止跌。整理下跌時間較長，跌幅較大，期間有多次較大幅度反彈。2021 年 10 月 29 日股價止跌後，主力機構展開震盪盤升行情，收集籌碼。K 線走勢紅多綠少，紅肥綠瘦，個股走勢呈上升趨勢。

12 月 30 日主力機構跳空開高，拉出一個大陽線漲停板，突破前高，形成大陽線漲停 K 線型態，成交量較前一交易日放大 8

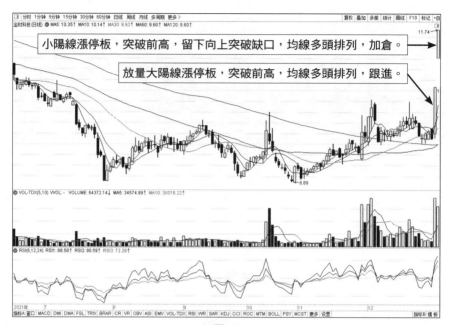

▲ 圖 2-10

倍多。均線呈多頭排列（除 250 日均線外），MACD、KDJ 等技術指標走強，股價的強勢特徵已經非常明顯，投資人可以在當日或次日進場。

12 月 31 日，主力機構跳空 5.06% 開盤，拉出一個小陽線漲停板，突破前高，留下向上突破缺口，形成小陽線漲停 K 線型態，成交量較前一交易日縮小（小陽線漲停，所以成交少）。

此時，均線呈多頭排列（除 250 日均線外），MACD、KDJ 等技術指標走強，股價的強勢特徵已經十分明顯。投資人可以在當日或次日進場，待股價出現明顯見頂訊號後再賣出。

2-3
向上跳空開高 6% 以上，投資人應積極進場

　　個股向上跳空開高 6% 以上，且集合競價掛單數量很大，這屬於非常強勢的盤面。此種盤面在平衡市場和疲軟市場出現的較少，在牛市市場出現的較多。

　　一種情況是，前一交易日個股強勢漲停收盤，主力機構當日趁勢跳空開高。另一種情況是，個股有重大利多消息刺激，主力機構當日借機跳空開高。不管哪種情況，都值得投資人積極分析研究，並擇機進場的強勢盤面，具有很高的實戰價值。

　　圖 2-11 是 603518 錦泓集團 2021 年 4 月 21 日收盤時的分時走勢圖。該股當日向上跳空 6.50% 開盤，瞬間漲停。9:37 左右漲停板被大賣單打開（此時正是投資人進場的好時機），後封回、再打開反覆多次，9:58 左右封回漲停板至收盤。屬於開盤後半小時內封漲停板，股價強勢特徵十分明顯的盤面。

　　漲停的主要原因是「業績增長＋女裝」概念炒作。公司的主要業務為服裝設計、生產銷售，現旗下有定位於中國文化元素奢

侈品、高級女裝和中高級休閒服飾的三個品牌，完成女裝品類金
字塔結構品牌佈局。顯然，主力機構利用利多消息大幅開高拉漲
停板。

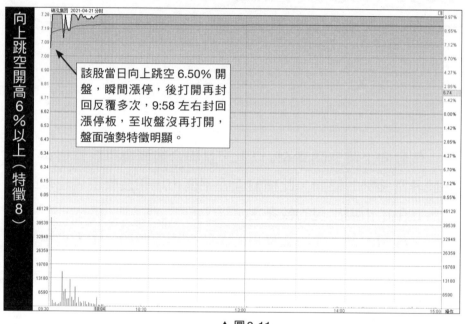

向上跳空開高 6% 以上（特徵 8）

該股當日向上跳空 6.50% 開盤，瞬間漲停，後打開再封回反覆多次，9:58 左右封回漲停板，至收盤沒再打開，盤面強勢特徵明顯。

▲ 圖 2-11

　　圖 2-12 是 603518 錦泓集團 2021 年 4 月 21 日收盤時的 K 線
走勢圖。可以看出，該股 2014 年 12 月 3 日上市時，正值大盤大
漲的中期階段，主力機構連續拉出 5 個漲停板後乘勢出貨。此後
股價從最高價 46.43 元一路震盪下跌，至 2021 年 2 月 4 日的最低
價 4.15 元止跌。

　　股價下跌時間之長、跌幅之大，令一般投資人難以接受。

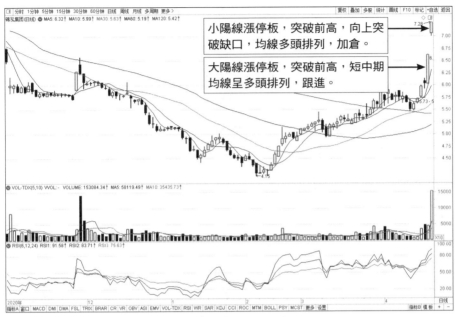

小陽線漲停板，突破前高，向上突破缺口，均線多頭排列，加倉。

大陽線漲停板，突破前高，短中期均線呈多頭排列，跟進。

▲ 圖 2-12

2021 年 2 月 4 日止跌後，主力機構展開震盪盤升行情，收集籌碼。K 線走勢紅多綠少，紅肥綠瘦，個股走勢呈上升態勢。

4 月 20 日，個股開平拉出一個大陽線漲停板，突破前高，形成大陽線漲停 K 線型態，成交量與前一交易日基本上持平。此時，短中期均線呈多頭排列，MACD、KDJ 等技術指標走強，股價的強勢特徵已經顯現，投資人可以在當日或次日進場。

4 月 21 日，主力機構向上跳空 6.50% 開盤，拉出一個小陽線漲停板。突破前高，留下向上突破缺口，形成小陽線漲停 K 線型態，成交量較前一交易日放大 3 倍多。

此時，短中長期均線呈多頭排列，MACD、KDJ 等技術指標

持續走強,股價的強勢特徵已經非常明顯,後市持續快速上漲機率大。這種情況時,投資人可以在當日或次日進場,加倉買進籌碼,待股價出現明顯見頂訊號後再賣出。

圖 2-13 是 603538 美諾華 2021 年 4 月 23 日收盤時的分時走勢圖。該股當日向上跳空 6.89% 開盤,9:32 漲停後瞬間又被大賣單打開,成交量急速放大。直至 10:17 才封回漲停板,至收盤沒再打開,漲停封板結構一般。

漲停的主要原因是「業績增長+醫藥概念」概念炒作。公告稱 2021 年一季度營收約 3.38 億元,同比增長 18.55%;淨利潤約 5035 萬元,同比增長 15.43%。

公司長期專注於國際規範市場的特色原料藥研發、生產與銷售,是中國出口歐洲特色原料藥品種最多的企業之一。很顯然,

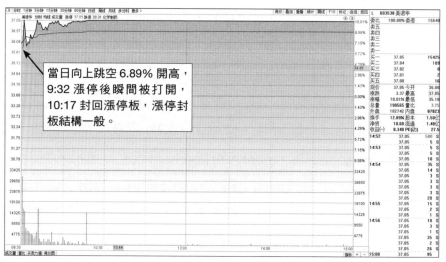

▲ 圖 2-13

受利多消息刺激，早盤大幅跳空開高，並快速封漲停板。

圖 2-14 是 603538 美諾華 2021 年 4 月 23 日收盤時的 K 線走勢圖，可以看出，此時個股走勢處於上升趨勢中。

股價從相對高位 2020 年 6 月 17 日最高價 62.30 元，一路震盪下跌，至 2021 年 4 月 20 日最低價 28.60 元止跌。整理下跌時間雖然不長，但跌幅大，期間有多次較大幅度的反彈。

2021 年 4 月 20 日止跌後，4 月 21 日主力機構開低收出一根大陽線，股價止跌回升，預示上升行情即將展開。

4 月 22 日個股向上跳空開高，收出一個大陽線漲停板。突破前高，形成大陽線漲停 K 線型態，留下向上突破缺口，成交量較前一交易日放大 2 倍多。

此時，短中期均線呈多頭排列，MACD、KDJ 等技術指標走

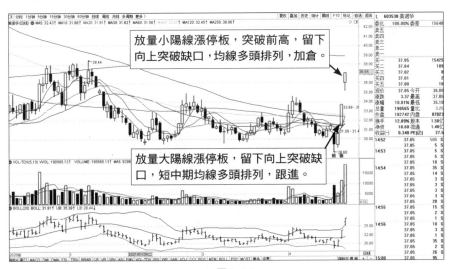

▲ 圖 2-14

強，股價的強勢特徵已經顯現，投資人可以在當日或次日進場。

4 月 23 日，主力機構向上跳空 6.89% 開盤，拉出一個小陽線漲停板，突破前高，留下向上突破缺口，形成小陽線漲停 K 線型態，成交量較前一交易日大幅放大。

此時均線呈多頭排列，MACD、KDJ 等技術指標持續強勢，強勢特徵已經非常明顯，後市持續快速上漲機率大。投資人可以在當日或次日進場，待股價出現明顯見頂訊號後再賣出。

作為強勢股的強勢盤面，投資人最期望的分時盤面理想狀態是跳空開高走高，但投資人不可能捉摸透徹主力機構心思。最好的辦法是，盯緊剛處於上升趨勢的個股，即使是跳空開高後下探震盪，也很可能是主力機構震倉洗盤或者是挖坑陷阱，股價很快就會探底回升。

當然，有些強勢股的盤面，也會出現開平或者開低。若開盤後分時價格線能夠快速上穿分時均價線，一路走高，至收盤有不錯的漲幅，也是值得投資人進場的強勢盤面。

Chapter 3

用 K 線中的分時線，
算出買進時點及價位

　　分時走勢上的強勢，是強勢盤面典型的重要特徵，只有分時走勢強勢，才能走出強勢的 K 線型態。分時價格線是股價當天即時走勢的表現，分時均價線表現的是當天市場平均持倉成本。

　　當分時價格線運行於分時均價線上方時，分時均價線對股價穩步上行產生有效的支撐和助漲作用，說明當天開盤之後的買盤力量非常強勢，這也是個股盤面走勢強勁的重要表現。

　　當然，投資人進場買入某檔股票時，也不能光看當天分時走勢強勢這一點。比如有些高位持續下跌的個股，在展開短期反彈時，單一交易日分時走勢上也表現得相當強勢，對於這種處於下降通道臨時反彈的個股，就不能盲目進場了。

　　因此，投資人一定要分析股價當前所處的位置，以及其他技術指標是否強勢再作決策，千萬不能光憑盤面分時強勢就盲目進場。以下主要分析交易時間內，投資人最常見的幾種個股分時走勢型態。

3-1
分時線穩健運行於
均價線上方時，買進

　　當分時價格線穩健運行於分時均價線上方，表示當天個股盤面處於相對強勢狀態，這是比較穩當的強勢盤面。如果分時均價線呈緩慢上升趨勢、支撐分時價格線同步上行，股價逐步走高，表示主力機構在逐步拉抬股價。

　　圖 3-1 是 603115 海星股份 2021 年 7 月 21 日收盤時的分時走勢圖。從分時走勢來看，該股當日開平後持續走高，分時價格線較為穩健地運行於分時均價線上方，分時走勢比較順暢，收盤漲幅 4.41%，盤面強勢特徵比較明顯。

　　從公司基本面來看，成功研發的 FT 系列超高比容低壓電極箔、HD 系列強耐水性高壓電極箔、HG 系列長壽命電極箔等新產品，有望參與全球競爭並提升市場佔有率。

　　2020～2025 年，風電年均新增裝機容量需達到 50GW；光伏年均新增裝機容量需達到 45GW；新能源汽車銷量 CAGR 能達到 34.42% 左右。公司已經掌握腐蝕工藝的核心技術，營業收

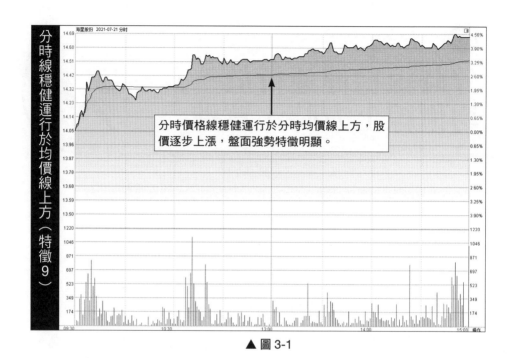

分時線穩健運行於均價線上方（特徵9）

分時價格線穩健運行於分時均價線上方，股價逐步上漲，盤面強勢特徵明顯。

▲ 圖 3-1

入將穩步增長，公司利多助推上漲行情。

圖 3-2 是 603115 海星股份 2021 年 7 月 21 日收盤時的 K 線走勢圖。從 K 線走勢圖可以看出，此時股價處於下跌止穩之後的震盪整理洗盤行情之中。

股價從前期相對高位 2020 年 2 月 25 日最高價 23.48 元，一路震盪下跌，至 2021 年 2 月 4 日最低價 12.95 元止跌。下跌時間較長、跌幅較大，期間有 3 次較大幅度的反彈。

2021 年 2 月 4 日止跌後，主力機構快速推升股價，收集籌碼，然後展開震盪整理行情，洗盤吸籌。

7 月 21 日個股開平收出一根大陽線（漲幅 4.41%），突破

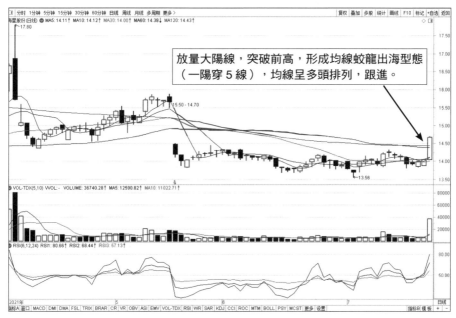

▲ 圖 3-2

前高，成交量較前一交易日放大 6 倍多。股價向上突破 5 日、10
日、60 日、90 日和 120 日均線（一陽穿 5 線），20 日、30 日均
線在股價下方向上運行，均線蛟龍出海型態形成。

　　均線呈多頭排列（除 60 日均線外），MACD、KDJ 等技術
指標開始走強，強勢特徵已經顯現，後市持續快速上漲的機率
大。投資人可以在當日或次日進場，待股價出現明顯見頂訊號後
再賣出。

3-2
分時線上行流暢堅挺時，買進

　　分時線上行流暢堅挺，是一種強勢的分時盤面。上午開盤後股價快速上漲，此時分時價格線依托分時均價線快速向上運行，且上行流暢、堅挺有力。表示該股主力機構吸籌建倉洗盤等準備工作基本上完成，籌碼鎖定較好，控盤比較到位，已展開試盤或正式啟動上漲行情。短線看好，是值得投資人進場、買入籌碼的強勢盤面。

　　圖 3-3 是 000929 蘭州黃河 2021 年 4 月 23 日收盤時的分時走勢圖。從分時走勢看，該股當日向上跳空開高，分時價格線直線上衝、堅挺有力，於 9:36 一波封漲停板。至收盤漲停板沒打開，漲停封板結構好，分時盤面相當強勢。

　　漲停的主要原因是「啤酒＋轉虧為盈」概念炒作。一季度實現營業收入為 1.01 億元，同比增長 66.87%。

　　圖 3-4 是 000929 蘭州黃河 2021 年 4 月 23 日收盤時的 K 線走勢圖。從 K 線走勢圖可以看出，此時該股處於上升趨勢中。股價

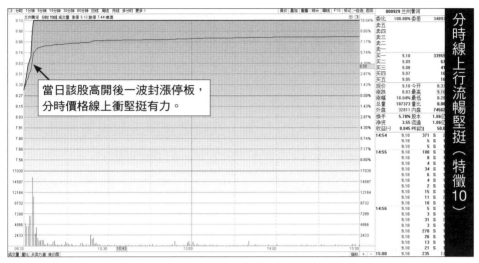

當日該股高開後一波封漲停板，
分時價格線上衝堅挺有力。

▲ 圖 3-3

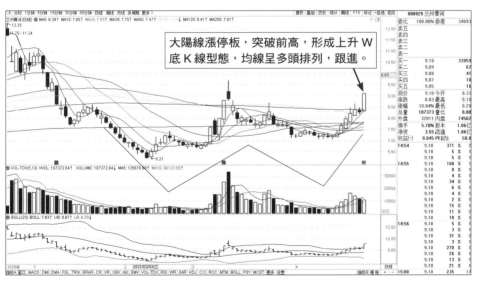

大陽線漲停板，突破前高，形成上升 W
底 K 線型態，均線呈多頭排列，跟進。

▲ 圖 3-4

從前期相對高位 2020 年 12 月 23 日最高價 13.68 元，急速下跌，至 2021 年 2 月 9 日最低價 6.21 元止跌，雖然整理下跌時間不長、但跌幅較大。

2021 年 2 月 9 日止跌後，主力機構快速推升股價，收集籌碼，然後展開大幅震盪盤升行情，高賣低買與洗盤吸籌並舉。期間多次收出漲停板，K 線走勢紅多綠少，紅肥綠瘦。

4 月 23 日個股跳空開高，拉出一個大陽線漲停板，突破前高，形成大陽線漲停 K 線型態，成交量較前一交易日萎縮。

此時，K 線走勢形成一個上升 W 底 K 線型態，均線呈多頭排列（除 90 日均線外），MACD、KDJ 等技術指標走強，股價的強勢特徵已經顯現，後市持續快速上漲的機率大。投資人可以在當日或次日進場，待股價出現明顯見頂訊號後再賣出。

3-3
分時線多波快速上揚時，買進

　　一般情況下，前一天的收盤價是當天盤面多空力量爭奪的主陣地（分水嶺）。如果開盤半小時內，個股分時線一直在昨天收盤價上方持續上揚，且分時價格線一直在分時均價線上方運行，那麼該股分時走勢基本上屬於強勢。

　　個股分時線之所以呈現強勢上揚的走勢，通常與主力機構的積極拉升分不開。所以，關注個股開盤後分時走勢，基本上可以揣摸出主力機構當天的操盤意圖，預測個股當天的後期走向。

　　圖 3-5 是 603698 航太工程 2021 年 1 月 11 日收盤時的分時走勢圖。從分時走勢可以看出，該股當日開低後，分時價格線上揚流暢，分三個波次快速上衝，於 9：56 封漲停板。

　　當日漲停板被多次打開，打開漲停板後成交量急速放大，分時價格線上留下多處小坑，漲停收盤，漲停封板結構一般。當日漲停板被多次打開，正是投資人進場的好時機。

　　漲停的主要原因是「碳中和＋中航系」概念炒作。公司是集

研發、諮詢、設計、設備供應、採購管理、施工管理、開車服務、電腦類比模擬操作培訓於一體的工程公司。是專業的煤化工工程研發設計企業、工程承包企業和設備供應企業。公司實際控制人為中國航太科技集團有限公司，航太科技集團是國務院國資委直屬中央企業。

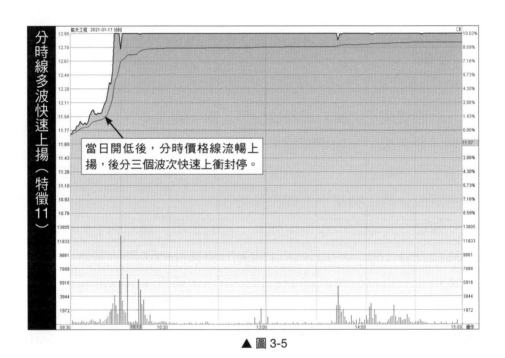

▲ 圖 3-5

　　圖 3-6 是 603698 航太工程 2021 年 1 月 11 日收盤時的 K 線走勢圖，可以看出，此時股價處於下跌止穩之後的震盪盤升（洗盤）行情之中。

　　個股從前期相對高位 2019 年 4 月 17 日最高價 21.95 元，一

路震盪下跌，至 2020 年 2 月 4 日最低價 10.05 元止跌。下跌整理時間較長、跌幅大，期間有多次較大幅度的反彈。

2020 年 2 月 4 日股價止跌後，主力機構快速推升股價，收集籌碼，隨後展開大幅震盪盤升（挖坑）洗盤行情。高賣低買，獲利與洗盤吸籌並舉，考驗投資人的信心和耐力。

2021 年 1 月 4 日個股跳空開高，收出一根大陽線，突破前高，成交量較前一交易日放大 2 倍多。此時，均線呈多頭排列（除 90 日、250 日均線外），MACD、KDJ 等技術指標開始走強，股價的強勢特徵已經顯現，後市上漲機率較大。這種情況時，投資人可以在當日或次日進場，買進籌碼。

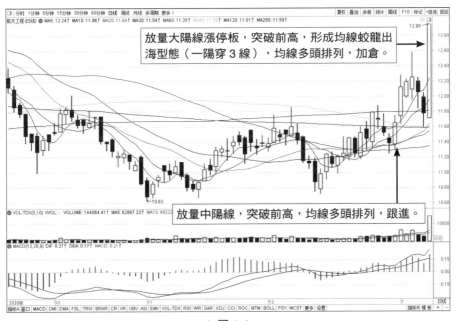

▲ 圖 3-6

1月11日個股開低，拉出一個大陽線漲停板，突破前高，形成大陽線漲停 K 線型態，成交量較前一交易日放大 4 倍多。

股價突破（向上穿過）5 日、10 日、120 日均線（一陽穿 3 線），20 日、30 日、60 日、90 日和 250 日均線在股價下方向上移動，股價收盤收在所有均線上方，均線蛟龍出海型態形成。均線呈多頭排列，MACD、KDJ 等技術指標走強，股價的強勢特徵已經顯現，後市持續快速上漲的機率大。

這種情況時，一般投資人可以在當日或次日進場，加倉買進籌碼，待股價明顯見頂後再賣出。

3-4
分時線橫盤震盪整理時突破上衝，買進

　　分時線橫盤震盪整理時突發上衝，這是一種分時突破型態。指個股開盤後，分時價格線展開持續橫盤震盪整理，突然上衝突破左邊的高點上行。橫盤震盪整理中突然拉升，表示主力機構做多態度比較堅決，不想股價在拉升過程中出現明顯的回落，讓投資人有逢低買進的機會。

　　開盤後展開橫盤震盪整理行情，或許是大盤走勢欠佳，亦或許是主力機構清洗浮籌、收集廉價籌碼的需要。

　　圖 3-7 是 600152 維科技術 2021 年 4 月 23 日收盤時的分時走勢圖。從分時走勢可以看出，該股當日開低後，分時價格線一直纏繞分時均價線，展開橫盤震盪整理。

　　至 14:32，分時價格線突然直線上衝拉至漲停，後又被大賣單打開，留下一個小缺口後再封漲停板，至收盤沒打開，漲停封板結構一般。

　　漲停的主要原因是「鋰電池＋扭虧為盈」概念炒作，公司

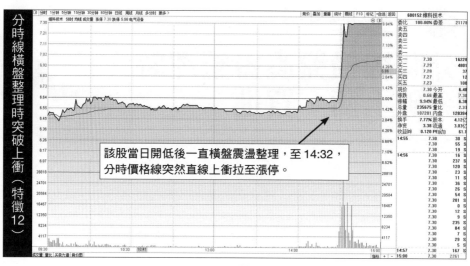

分時線橫盤整理時突破上衝（特徵 12）

該股當日開低後一直橫盤震盪整理，至 14:32，分時價格線突然直線上衝拉至漲停。

▲ 圖 3-7

2020 年實現營業收入 17.45 億元，同比增長 6.08%。

圖 3-8 是 600152 維科技術 2021 年 4 月 23 日收盤時的 K 線走勢圖，可以看出，此時該股處於上升趨勢中。股價從相對高位 2017 年 3 月 16 日最高價 15.13 元，一路震盪下跌，至 2018 年 9 月 11 日最低價 4.77 元止跌。下跌整理時間較長、跌幅大，期間有過多次較大幅度的反彈。

2018 年 9 月 11 日止跌後，主力機構快速推升股價，收集籌碼。接著展開大幅度橫盤震盪整理行情，高賣低買，獲利與洗盤吸籌並舉，考驗投資人的信心和耐力。

2021 年 4 月 23 日（即大幅橫盤震盪整理 2 年 7 個多月後），主力機構開低收出一個大陽線漲停板，突破前高，形成大陽線漲停 K 線型態，成交量較前一交易日放大 2 倍多。股價突破（向上

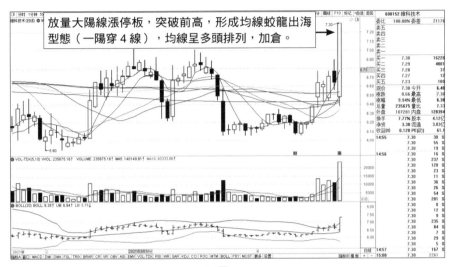

▲ 圖 3-8

穿過）5 日、10 日、90 日和 120 日均線（一陽穿 4 線），20 日、30 日、60 日和 250 日均線在股價下方向上移動，股價收盤收在所有均線上方，均線蛟龍出海型態形成。

此時，均線呈多頭排列，MACD、KDJ 等技術指標走強，股價的強勢特徵已經非常明顯，後市上漲機率大。投資人可以在當日或次日進場，加倉買進籌碼，待股價出現明顯見頂訊號後再賣出。

3-5

分時線波段式震盪整理
走高時,買進

分時線波段式震盪整理走高,是指個股開盤後,分時價格線呈波段式震盪整理上升(類似台階式上升),分時走勢一個波段接著一個波段逐步向上,上升走勢穩健踏實。

圖3-9是003020立方製藥2021年4月26日收盤時的分時走勢圖。從分時走勢來看,該股當日跳空2.32%開高,開盤後分時價格線小幅上行,然後圍繞分時均價線,展開第一波段橫盤震盪整理。

下午開盤後分時價格線再次上行,然後在分時均價線上方展開第二波段的橫盤震盪整理,14:22左右放量走高直至漲停,至收盤漲停都沒打開,漲停封板結構較好。漲停的主要原因是「次新股+醫藥」概念炒作。

圖3-10是003020立方製藥2021年4月26日收盤時的K線走勢圖,可以看出,此時該股處於上升趨勢中。

該股2020年12月15日上市,上市後只拉了3個漲停板,最

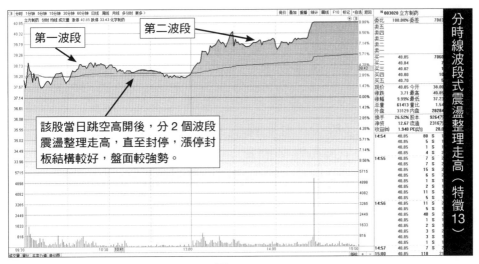

▲ 圖 3-9

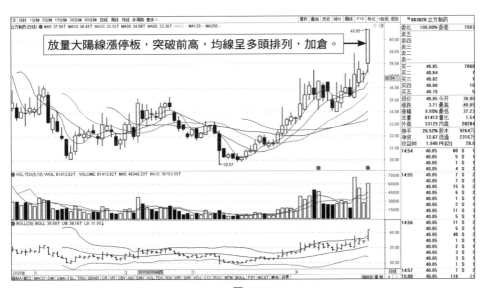

▲ 圖 3-10

高價至 44.33 元，然後步入下跌整理行情，股價基本上沒有被爆炒過，下跌整理至 2021 年 3 月 9 日最低價 29.67 元止跌。下跌整理時間雖然不長、但跌幅較大。

2021 年 3 月 9 日止跌後，主力機構快速推升股價，收集籌碼。K 線走勢紅多綠少、紅肥綠瘦，該股走勢呈上升趨勢。

4 月 26 日主力機構跳空開高，收出一個大陽線漲停板，突破前高，形成大陽線漲停 K 線型態，成交量較前一交易日放大 2 倍以上。

此時均線呈多頭排列，MACD、KDJ 等技術指標走強，股價的強勢特徵已經非常明顯，後市上漲機率大。這種情況時，投資人可以在當日或次日進場，加倉買進籌碼，待股價出現明顯見頂訊號後再賣出。

Chapter 4

從線圖一眼看出
「爆大量」的價位後，
進場坐等飆漲！

　　成交量放大，是指個股當日成交總金額比前一天或前幾天增加。而成交量有效放大，是指隨著買盤力量持續增加、股價同步上漲的一種量價配合或量價齊升的狀態，是強勢盤面的重要特徵之一。

　　能推動股價上漲的放大的成交量，並不是一般投資人能夠做到的，而是主力機構控盤操盤精心運作的展現，盤面成交量可以反映出主力機構介入的力度。

　　如果某個股分時價格線在盤中快速上揚，成交量同步明顯放大，就說明主力機構（買盤力量）介入的力度比較大。這種上漲是比較真實的，主要表現在本章所介紹的五個方面。

4-1

外盤遠大於內盤：主力推升股價的強勢外盤

　　正常情況下，外盤是投資人主動買入的成交量，內盤是一種被動成交的成交量。當外盤大於內盤時，說明買方的實力比較強，空方的力量相對比較弱。若外盤數量大於內盤數量，並且不斷持續，一般認定為主力機構推升股價的強勢外盤。

　　圖 4-1 是 300653 正海生物 2021 年 4 月 28 日收盤時的分時走勢圖。從分時走勢可以看出，該股當日雖然開低，但在持續放大的成交量推動下，股價不斷震盪走高。且分時價格線始終在分時均價線上方運行，至收盤股價漲幅達到 7.88%，整體分時盤面較強勢。

　　當日總成交量為 32919 張，其中外盤總量為 19664 張，內盤總量為 13255 張，外盤總量超出內盤總量較多。

　　圖 4-2 是 300653 正海生物 2021 年 4 月 28 日收盤時的 K 線走勢圖，可以看出，此時股價正處於高位下跌止穩之後的上升走勢中。股價從前期相對高位 2020 年 5 月 20 日最高價 94.91 元，一路

外盤遠大於內盤（特徵14）

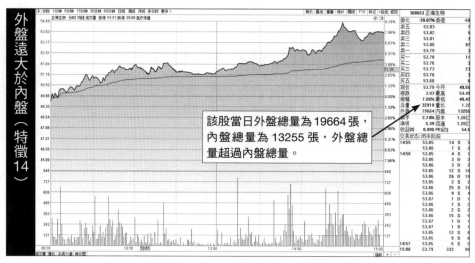

該股當日外盤總量為 19664 張，內盤總量為 13255 張，外盤總量超過內盤總量。

▲ 圖 4-1

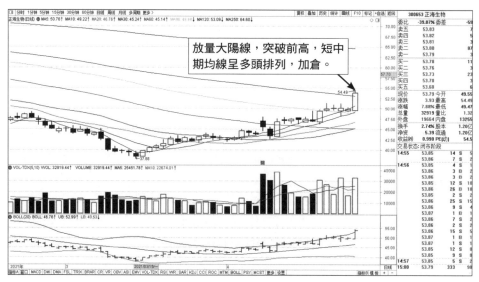

放量大陽線，突破前高，短中期均線呈多頭排列，加倉。

▲ 圖 4-2

震盪下跌，至 2021 年 3 月 15 日最低價 37.88 元止跌。

下跌整理時間雖然不長，但跌幅較大。2021 年 3 月 15 日止跌後，主力機構快速推升股價，收集籌碼。K 線走勢紅多綠少，紅肥綠瘦，個股走勢呈上升趨勢。

4 月 28 日，主力機構開低收出一根大陽線（漲幅 7.88%），突破前高，成交量較前一交易日放大近 2 倍。此時，短中期均線呈多頭排列，MACD、KDJ 等技術指標已經走強，股價的強勢特徵已經相當明顯，後市上漲機率大。

投資人可以在當日或次日進場，加倉買進籌碼，待股價出現明顯見頂訊號後再賣出。

穩步式放量：盤中分時價格線穩步上揚

　　穩步式放量是指，個股盤面買盤力量不斷進場，股價同步上漲。隨著成交量的逐步放大，盤中分時價格線穩步上揚，整體分時盤面呈現量價齊升之勢。

　　圖 4-3 是 300709 精研科技 2021 年 10 月 8 日收盤時的分時走勢圖。從分時走勢來看，該股當日略開低後，在持續不斷的成交量推動下，分時價格線逐步震盪上揚，分時均價線在分時價格線下方有支撐和助漲作用。由於成交量持續穩步放大的推動，至收盤股價漲幅達 9.59%，分時盤面強勢特徵明顯。

　　圖 4-4 是 300709 精研科技 2021 年 10 月 8 日收盤時的 K 線走勢圖，可以看出，此時股價正處於高位下跌止穩之後的上升走勢中。

　　股價從前期高位 2020 年 2 月 25 日最高價 157.00 元，一路震盪下跌，至 2021 年 8 月 31 日最低價 27.01 元止跌。下跌整理時間長、跌幅大，期間有多次較大幅度的反彈。

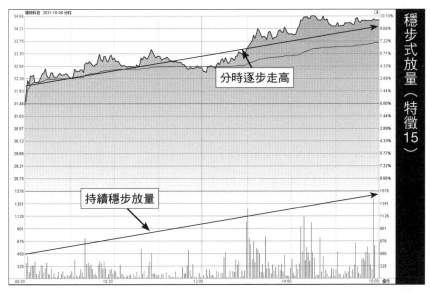

分時逐步走高

持續穩步放量

穩步式放量（特徵15）

▲ 圖 4-3

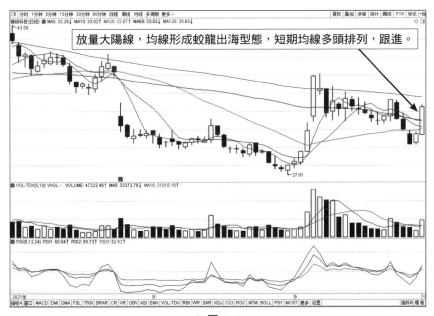

放量大陽線，均線形成蛟龍出海型態，短期均線多頭排列，跟進。

▲ 圖 4-4

2021 年 8 月 31 日止跌後，主力機構快速推升股價，收集籌碼。9 月 7 日，個股開低衝高至 38.18 元回落，展開下跌整理洗盤行情。

10 月 8 日，主力機構開低收出一根大陽線（漲幅 9.59%），突破前高，成交量較前一交易日放大 2 倍多。股價向上突破（穿過）5 日、10 日、20 日、30 日和 60 日均線（一陽穿 5 線），90日、120 日和 250 日均線在股價上方下行，形成均線蛟龍出海型態。

此時，短期均線呈多頭排列（除 5 日均線外），MACD、KDJ 等技術指標開始走強，股價的強勢特徵已經顯現，後市上漲機率較大。

這種情況時，投資人可以在當日或次日進場，逢低買進籌碼，待股價出現明顯見頂訊號後再賣出。

4-3
台階式放量：可見主力推升股價的做多心態

台階式放量是指，在分時盤面成交量每放大一次，股價就上一個台階，股價呈台階式上升態勢，而盤面底部的成交量也呈台階式（或量堆狀）放大的狀態。

當股價在成交量放大的推動下，上升到新一級平台時，股價會在這一平台稍作整理，平台整理時成交量出現明顯的萎縮狀態。**這種台階式放量（或量堆狀）推動股價台階式上升狀態，透露出主力機構穩紮穩打、一步一步推升股價上漲的做多心態。**

圖 4-5 是 300430 誠益通 2021 年 4 月 28 日收盤時的分時走勢圖。從分時走勢來看，當日開平後，股價處於台階式放量推升中。分時價格線在分時均價線上方運行，股價一個台階一個台階逐步走高。

平台整理時，成交量呈明顯萎縮狀態，平台整理結束後股價在成交量的推動下繼續上行，收盤漲幅 7.69%。當日該股外盤總量多於內盤總量，成交量呈明顯放大狀態，盤面強勢特徵明顯。

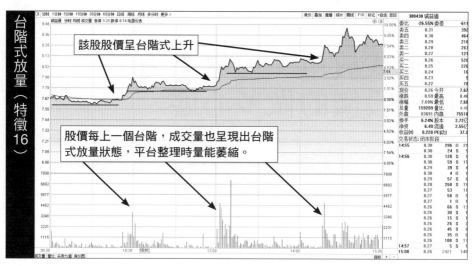

台階式放量（特徵16）

該股股價呈台階式上升

股價每上一個台階，成交量也呈現出台階式放量狀態，平台整理時量能萎縮。

▲ 圖 4-5

　　圖4-6是300430誠益通2021年4月28日收盤時的K線走勢圖，可以看出，此時股價正處於高位下跌止穩之後的上漲走勢中。

　　股價從前期相對高位2020年11月5日最高價13.91元，震盪下跌，至2021年2月9日最低價6.70元止跌。下跌時間雖然不長、但跌幅較大，下跌期間有2次較大幅度的反彈。

　　2021年2月9日止跌後，主力機構展開小幅橫盤震盪整理行情，洗盤吸籌，K線走勢紅多綠少，紅肥綠瘦。

　　4月28日個股開平，收出一根大陽線（漲幅7.69%），突破前高和平台，成交量較前一交易日放大3倍多。

　　此時，短中期均線呈多頭排列，MACD、KDJ等技術指標開始走強，股價的強勢特徵已經顯現，後市上漲機率較大。投資人

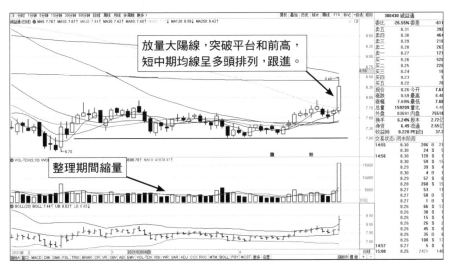

▲ 圖 4-6

可以在當日或次日進場，逢低買進籌碼，待股價出現明顯見頂訊號後再賣出。

大單成交頻繁：關鍵點位有護盤和壓盤跡象

主力機構（或多家主力機構）坐莊的處於上升趨勢中的強勢個股盤面，尤其是實際流通盤較大的強勢個股盤面，盤中大手筆主動性買盤的成交還是較多的。

盤面量能態勢呈現如下：主力機構出手，成交量就快速有效放大；主力機構收手，成交量就馬上萎縮呈山峰狀。 這種盤面讓人感覺到，有一隻無形的手把控著盤面，關鍵位置和關鍵時間有護盤和壓盤等跡象。

圖4-7是300588熙菱資訊2021年4月29日收盤時的分時走勢圖，此時該股流通盤為1.05億。從分時走勢來看，當日開低後，在成交量放大的推動下，分時價格線依托分時均價線緩慢震盪上行。

隨著成交量（尤其是大單成交）逐漸放大，股價逐步上漲，底部量柱排列呈山峰狀（大單成交）。調出當天的分時成交明細可以看到，500張以上的主動性大買單較多，當日外盤總量比內

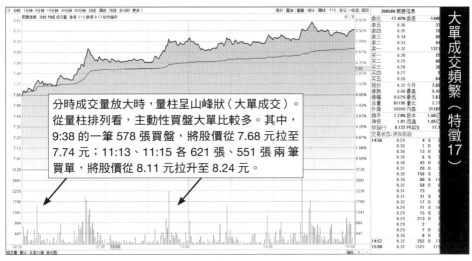

文字方塊內容：
分時成交量放大時，量柱呈山峰狀（大單成交）。從量柱排列看，主動性買盤大單比較多。其中，9:38 的一筆 578 張買盤，將股價從 7.68 元拉至 7.74 元；11:13、11:15 各 621 張、551 張兩筆買單，將股價從 8.11 元拉升至 8.24 元。

右側標題：大單成交頻繁（特徵17）

▲ 圖 4-7

盤總量大很多，分時盤面強勢特徵較明顯。

　　圖 4-8、4-9 是 300588 熙菱資訊 2021 年 4 月 29 日 10:10 至 10:15、14:18 至 14:26 的部分分時成交明細，明細中各有 2 筆主動性大買單，瞬間推動股價跳躍式上漲。由於篇幅受限，當日該股其他主動性大買單就不一一分析。

　　圖 4-10 是 300588 熙菱資訊 2021 年 4 月 29 日收盤時的 K 線走勢圖，可以看出，此時股價正處於高位下跌止穩之後的上漲走勢中。股價從前期相對高位 2020 年 9 月 24 日最高價 18.47 元，震盪下跌至 2021 年 2 月 9 日最低價 6.12 元止跌，下跌時間不長但跌幅大。

　　2021 年 2 月 9 日止跌後，主力機構快速推升股價，收集籌碼，然後展開橫盤震盪整理（試盤）行情，洗盤吸籌。

× 300588 熙菱信息　分时成交明细　　Up/PageUp/滚轮 前翻 Down/PageDown/滚轮

时间	价格	成交			时间	价格	成交		
10:10	7.90	41	B	9		7.96	3	B	3
	7.90	1	B	1		7.96	24	B	5
	7.90	140	B	12		7.97	34	B	13
	7.90	8	S	1	10:13	7.98	304	B	124
	7.90	6	S	2		7.98	182	B	38
	7.95	504	B	19		7.99	2	B	1
	7.95					7.99	15	B	5
	7.95					7.99	3	B	3
	7.93	1	S	1		7.99	4	B	1
	7.93	1	S	1		7.98	22	S	4
	7.92	11	S	8		7.97	50	S	5
	7.93	2	S	2		7.98	128	S	8
10:11	7.94	5	S	4		7.97	2	S	2
	7.93	27	S	6		7.97	12	S	9
	7.92	14	S	5		7.97	5	S	5
	7.92	128	B	1		7.96	5	S	2
	7.93	81	B	9		7.98	126	B	10
	7.93	9	B	2		7.96	54	S	8
	7.92	50	S	1		7.96	8	B	2
	7.92	72	S	9		7.97	5	B	1
	7.92	111	B	9	10:14	7.97	7	B	1
	7.93	100	B	2		7.96	9	S	4
	7.93	4	B	2		7.96	27	S	5
	7.92	25	S	3		7.96	26	S	3
	7.91	1	S	1		7.95	37	S	3
	7.91	1	S	1		7.96	2	B	1
	7.92	22	B	3		7.95	1	S	1
10:12	7.91	15	S	3		7.95	2	S	1
	7.92	17	B	16		7.95	20	S	3
	7.93	169	B	16	10:15	7.95	44	S	12
	7.94	45	B	12		7.95	1	B	1
	7.95	80	B	12		8.03	1367	B	115
	7.95	26	B	5		8.04	91	B	9
	7.96					8.03	62	B	4
	7.97	111	B	12		8.01	50	S	2
	7.97	8	S	2		8.03	9	B	2
	7.97	39	S	2		8.04	40	B	4
	7.96	9	S	4		8.03	5	S	1
	7.96	3	S	3		8.03	36	S	8
	7.96	1	S	1		8.04	38	B	7
	7.96	27	S	7		8.03	81	B	10
	7.95	8	S	3		8.03	5	B	1

從 7.90 元拉至 7.95 元

從 7.95 元拉至 8.03 元

上证 3474.90　17.83　0.52%　3716亿　深证 14464.1　65.70　0.46%　4506亿　中小 9291.21　46.20　0

▲ 圖 4-8

后翻

时间	价格	成交			时间	价格	成交			时间	价格	成交		
	8.22	2	B	2		8.33	39		4		8.32	34	B	8
	8.22	5	B	1		8.33	35	B	2		8.33	109	B	15
14:18	8.22	43	B	11	14:22	8.32	2	S	1		8.33	106	S	12
	8.22	10	S	1		8.33	12	B	2		8.31	13	S	3
	8.23	22	B	1		8.33	43	B	6		8.33	6	B	2
	8.23	19	S	1		8.32	35	S	9		8.32	8	B	1
	8.22	33	S	2		8.32	44	B	6		8.32	2	B	1
	8.22	1	S	1		8.32	17	B	3		8.32	56	B	3
14:19	8.22	5	S	1		8.32	10	B	2		8.32	3	S	1
	8.23	96	B	4		8.32	7	S	1		8.32	6	S	2
14:20	8.24	57	B	3		8.31	1	B	1		8.33	15	B	2
	8.25	182	B	23		8.31	13	B	2		8.33	9	B	3
	8.26	139	B	20		8.33	96	B	10	14:26	8.33	78	B	6
	8.26	91	B	13		8.32	41	S	9		8.32	18	S	2
	8.27	123	B	18		8.32	1	S	1		8.33	21	B	3
	8.27	32	B	9		8.32	18	S	4		8.33	3	S	3
	8.27	10	B	5	14:23	8.32	22	S	7		8.32	14	S	8
	8.27	38	B	8		8.32	58	S	6		8.33	57	S	12
	8.26	15	S	4		8.32	5	B	3		8.33	21	B	3
	8.26	8	S	2		8.32	54	B	11		8.33	30	B	9
	8.27	1	B	1							8.33	26	S	12
	8.27	14	B	1							8.33	49	S	4
	8.27	100	B	5		8.31	19	S	2		8.33	3	S	1
	8.26	6	S	2		8.31	10	S	1		8.34	40	B	2
	8.26	18	S	2		8.31	21	S	1		8.34	218	B	9
	8.27	79	B	6		8.31	57	S	2		8.34	38	B	3
	8.27	6	S	1							8.35	863	B	10
14:21	8.28	323	B	26	14:24	8.31	26	B	5	14:27	8.35	69	B	8
	8.28	63	B	10		8.30	10	S	7		8.35	346	B	7
	8.32	1652	B	100		8.30	13	S	8		8.36	329	B	29
	8.32						9	S	5		8.36	99	B	12
	8.33						1	S	1		8.36	41	B	4
	8.33	23	B	1		8.30	5	S	3		8.37	57	B	4
	8.33	64	B	6		8.31	60	B	20		8.37	12	B	1
	8.33	27	B	3		8.31	109	B	20		8.37	88	B	6
	8.33	159	B	4		8.30	30	S	8		8.36	85		6
	8.34	151	B	24		8.30	45	S	3		8.36	25	B	5
	8.33	54		3		8.32	22	B	6		8.37	64	B	7
	8.32	10	S	2		8.31	13	B	5		8.37	55	S	5
	8.35	28	B	2		8.31	14	S	2		8.37	22	B	2
	8.33	114	S	5		8.31	2	B	1		8.37	122	B	3
	8.32	7	S	3	14:25	8.32	27	B	6		8.37	77	B	5

從 8.34 元拉至 8.35 元

從 8.28 元拉至 8.32 元

▲ 圖 4-9

　　4 月 29 日個股開低，收出一根大陽線（漲幅 8.62%），成交量較前一交易日放大 2 倍多，股價向上突破 5 日、10 日、20 日、30 日、60 日和 90 日均線（一陽穿 6 線），120 日和 250 日均線在股價上方下行，形成均線蛟龍出海型態。

　　此時，短中期均線呈多頭排列（除 30 日均線外），MACD、KDJ 等技術指標開始走強，股價的強勢特徵已經顯現，後市上漲

機率較大。這種情況時，投資人可以在當日或次日進場，逢低買
進籌碼，待股價出現明顯見頂訊號後再賣出。

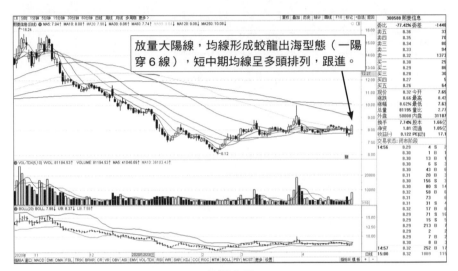

▲ 圖 4-10

4-5
突破前高時巨量：成交量有效放大才是真突破

　　這裡所說的「突破前高」，是指個股某個交易日放量突破 K 線走勢上的前期高點（或平台），表現在分時走勢上，同樣是成交量迅速放大。**突破前期高點或者突破前期平台，都必須有成交量的有效放大配合，才可能是真突破**；沒有成交量有效放大配合的突破，必然是假突破。

　　這種突破所需的能量是巨大的，只有主力機構才能做到。股價在盤整或上漲的過程中，某日出現成交量突然有效放大，股價快速上漲，收盤價超過前面（左邊）的高點（或突破前期的整理平台），這一突破型態應該是比較可信的做多訊號。但要特別注意是，在 K 線走勢上，有的突破後還需要回測確認。

　　圖 4-11 是 000683 遠興能源 2021 年 4 月 29 日收盤時的分時走勢圖。從分時走勢來看，該股當日略開高後，股價展開緩慢震盪盤升走勢，從 11:19 開始主力機構慢慢推升股價。

　　由於該股流通盤較大，萬張以上的大買單密集進場，13:23

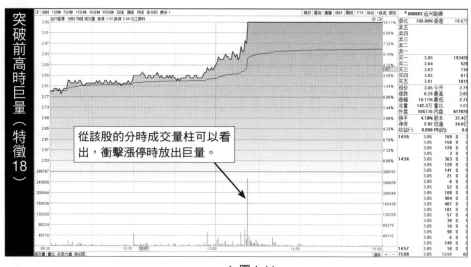

突破前高時巨量（特徵18）

從該股的分時成交量柱可以看出，衝擊漲停時放出巨量。

▲ 圖 4-11

迅速封漲停板，至收盤漲停板沒被打開。外盤總量比內盤總量大很多，分時盤面強勢特徵比較明顯。

圖 4-12 是 000683 遠興能源 2021 年 4 月 29 日的部分分時成交明細，明細中標出的主要是即將衝擊漲停、突破前高和平台階段的成交明細，主動性大買單較多。由於篇幅受限，當日該股其他主動性大買單就不一一分析了。

圖 4-13 是 000683 遠興能源 2021 年 4 月 29 日收盤時的 K 線走勢圖，可以看出，此時股價正處於高位長期下跌止穩之後的上漲（反彈）走勢中。

股價從前期相對高位 2015 年 6 月 12 日最高價 11.86 元，震盪下跌至 2020 年 5 月 25 日最低價 1.57 元止跌。下跌時間長、跌幅大，期間有多次較大幅度的反彈。

时间	价格	成交			时间	价格	成交		
×000683 远兴能源　分时成交明细					Up/PageUp/滚轮 前翻 Down/PageDown/滚轮				
13:19	2.94	10	B	1		2.96	985	S	13
	2.93	53	S	3		2.97	349	B	9
	2.94	95	B	4		2.97	599	B	7
	2.94	174	B	2		2.97	863	B	13
	2.93	105	S	3		2.97	637	B	19
	2.94	7	B	1		2.97	194	S	5
	2.93	360	S	4		2.98	10654	B	136
	2.93	54	S	2		2.97	70	S	5
	2.93	520	S	3	13:22	2.98	540	B	12
	2.94	2013	B	41		2.99	6426	B	59
13:20	2.94	50	S	1		2.98	292	B	15
	2.95	3034	B	48		2.99	358	B	15
	2.96	2067	B	33		2.99	9376	B	147
	2.95	469	S	13		2.99	1037	S	20
	2.95	843	S	24		3.00	25553	B	396
	2.95	198	S	6		3.05	184722	B	1945
	2.95	364	S	7		3.05	1275	S	23
	2.95	60	S	5		3.05	3476	S	21
	2.95	376	S	3		3.05	4925	S	12
	2.95	6501	S	107		3.05	2391	S	23
	2.94					3.05	1349	S	28
	2.95					3.05	1470	S	22
	2.95					3.05	1357	S	23
	2.95					3.05	2707	S	25
	2.96	13892	B	180		3.05	2991	S	24
	2.96	110	S	4		3.05	1502	S	28
	2.97	8957	B	98		3.05	2322	S	27
	2.97	12418	B	179		3.05	1174	S	21
	2.98	7365	B	51	13:23	3.05	10900	S	20
	2.98	546	B	17		3.05	2467	S	21
13:21	2.98	726	B	41		3.05	1048	S	19
	2.98	992	S	31		3.05	375	S	14
	2.98	338	S	15		3.05	1438	S	18
	2.98	2661	S	48		3.05	770	S	14
	2.98	208	B	10		3.05	1396	S	19
	2.95	3436	S	23		3.05	427	S	21
	2.96	1090	B	11		3.05	761	S	17
	2.95	1159	S	6		3.05	1182	S	23
	2.96	154	B	6		3.05	1900	S	15
	2.97	1117	B	12		3.05	3389	S	15
	2.97	23	B	1		3.05	1109	S	27
	2.97	144	B	7		3.05	1616	S	21

突破前高時，一筆 18 萬多張的巨單，將股價由 3 元拉升至 3.05 元。

上证 3474.90　17.83　0.52%　3716亿　深证 14464.1　65.70　0.46%　4506亿　中小 9291.21　46.20　0

▲ 圖 4-12

　　2020年5月25日止跌後，主力機構快速推升股價，收集籌碼，然後展開大幅震盪盤升行情。震盪盤升期間，主力機構高賣低買、賺取差價與洗盤吸籌並舉（期間拉出過8個漲停板），考驗投資人的信心和耐力。

　　2021年4月29日，持續大幅震盪盤升行情將近一年後，主力機構開始啟動拉升行情。當日個股開高，收出一個大陽線漲停板（當日開盤價2.79元），突破前高和平台，形成大陽線漲停K線型態，成交量較前一交易日放大近5倍，屬巨量突破。

　　此時均線呈多頭排列，MACD、KDJ等技術指標開始走強，股價的強勢特徵已經顯現，後市加速上漲的機率大。這種情況時，投資人可以在當日或次日進場，逢低買進籌碼，待股價出現明顯見頂訊號後再賣出。

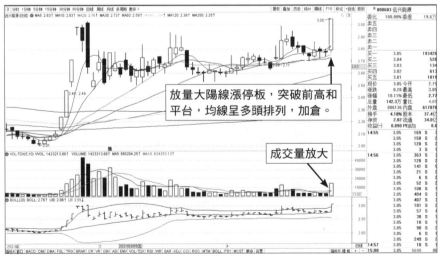

▲ 圖4-13

Chapter 5

從線圖看出主力
做多及誘空，
避開技術分析陷阱

　　前面幾章分析了強勢盤面的主要特徵，誠然，強勢盤面個股的選擇，在一定程度上要依據這些特徵來篩選。

　　但每一位投資人都有各自的選股思路，況且強勢盤面的特徵不僅僅只有這些，還有許多沒分析和概括到的。同時，在個股的選擇上，還要考慮其他技術指標、政策面、基本面（企業業績等）及消息面等各種因素。

　　就算用前文所述的特徵，去精選出一支或幾支第二天一定能漲停的個股，也是很困難的。首先是主力機構操盤心思縝密、變化無常、手法多變。其次是這麼多檔股票之中，每一個時間段或者說每一個交易日、交易週都有不少符合這些特徵的個股，選擇難度較大。

　　為此，在強勢盤面個股的選擇上，還要進一步分析研究。個股走勢強於當天大盤是首要條件，不再敘說，以下幾章主要對其他選股條件做細化分析。

　　首先，漲停板是重要的盤面語言之一，強勢漲停板可以立即啟動一波行情，也可以立即推動一波行情飆升。漲停板是強勢股最完美最迷人的型態，不管是主力機構還是散戶，每天都有很多人在追逐漲停板。

　　股票不會無緣無故漲停（當然也不會無緣無故地跌停），只有主力機構早就潛伏其中，且按照其計畫目標謀劃運作的個股，才有機會漲停。每一支漲停個股的背後，都有主力機構資金提前佈局、精心設計操盤的影子，投資人要認真分析目標股票漲停的成因，謹慎進場。

5-1 漲停原因複雜多樣，先學這兩大選股法

一字漲停板顯然是最強勢的盤面，當然也是主力機構提前預知利多，精心謀劃運作出來的。但由於各主力機構操盤思路和手法不盡相同，一字漲停板盤面情況複雜多樣，以下只分析研究兩種情況。

第一種情況是，個股前期築底期間或底部區域有過漲停板（主力機構拉漲停的目的主要是為了吸籌）。且個股展開過較長時間，比如 2 至 3 個月左右的震盪整理洗盤吸籌，或震盪盤升洗盤走高（吸籌）行情。

某個交易日突發利多拉出一字板，在第二或第三個一字板後出現買進機會（如果能在第一個或第二個一字板當天集合競價時，掛買單排隊跟進最好）。

這種個股是投資人短線操作的最佳選擇，因為此時已展開快速上漲（拉升）行情。投資人進場買入後不要急於出貨，通常有 3～5 個交易日或更長的上漲（拉升）期，跟進當天個股一般都

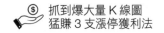

會漲停，有的甚至馬上拉停。

之後的交易日就要盯緊盤面、關注成交量的變化，等到出現高位放量、股價上漲乏力或明顯見頂訊號（比如均線拐頭向下、大陰線或十字星或螺旋槳 K 線等）時，就要快速賣出，重新尋找其他目標股票。

圖 5-1 是 600684 珠江股份 2021 年 4 月 28 日開盤後至 9:32 的分時圖（打開該股 K 線走勢可以看出，該股一字漲停板前已有過漲停板，即 1 月 19 日主力機構為收集籌碼，拉出過一個大陽線漲停板）。

當日開盤即一字封停，從開盤後 2 分多鐘分時圖右邊的成交明細上看，萬張以上大賣單密集成交，投資人只要在集合競價一開始，就直接以漲停價掛買單排隊，買進機會還是很大的。一直

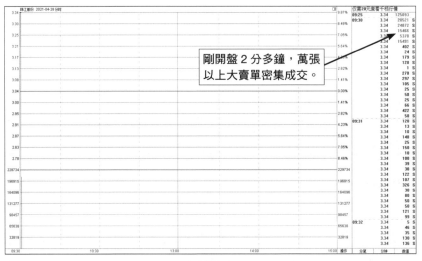

▲ 圖 5-1

到收盤，成千上百張的買單還是成交了不少。

　　圖 5-2 是 600684 珠江股份 2021 年 4 月 30 日收盤時的分時走勢圖（該股前面已收出 2 個一字板，若能擇機進場買進，定是收穫滿滿。當然沒能跟進也沒關係，可在一字板後再尋機跟進）。從當日分時走勢來看，個股跳空開高後，有一個整理回落的過程，且回落幅度較深，但並沒有跌破前一日的收盤價。至 9:43 突然直線拔至漲停，至收盤漲停板沒打開，整體分時盤面還是十分強勢的。

　　該股當天從開高到漲停，間隔時長 13 分鐘，正是投資人一字漲停板之後最好的買進時機（可在分時價格線即將觸碰到前一交易日收盤價勾頭向上時，快速進場買進）。開盤至漲停間隔 13 分鐘時間，足夠投資人分析思考並做出買入決策。

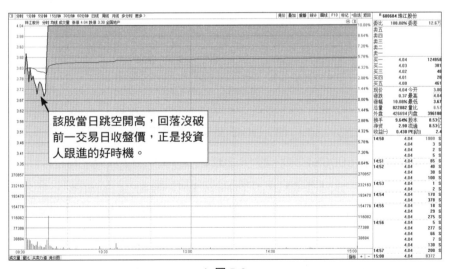

▲ 圖 5-2

　　圖 5-3 是 600684 珠江股份 2021 年 4 月 30 日收盤時的 K 線走勢圖，可以看出，此時股價正處於高位下跌止穩之後的上漲走勢中。股價從前期相對高位 2019 年 4 月 4 日最高價 5.63 元，一路震盪下跌，至 2021 年 1 月 13 日最低價 2.47 元止跌，下跌時間長，跌幅大，期間有多次較大幅度的反彈。

　　2021 年 1 月 13 日止跌後，主力機構快速推升股價（1 月 19 日拉出過一個漲停板），收集籌碼，然後展開橫盤震盪整理行情，洗盤吸籌。4 月 28 日、29 日，主力機構連續拉出 2 個一字漲停板。這種強勢一字漲停板，如果能在當天集合競價時提前掛買單排隊，應該有買入希望。

　　4 月 30 日主力機構跳空 3.54% 開盤，收出一個大陽線漲停板（當日開盤價 3.80 元），突破前高，形成大陽線漲停 K 線型態，成交量較前一交易日放大 10 倍多（這種成交量正常，因為前 2 個交易日是一字漲停板，成交稀少）。

　　此時均線呈多頭排列，MACD、KDJ 等技術指標已經走強，股價的強勢特徵十分明顯，後市繼續上漲的機率非常大。投資人如果當日沒能進場買入籌碼（按理，當天還是有買入機會的），可以在次日進場，待股價出現明顯見頂訊號後再賣出。

　　圖 5-4 是 600684 珠江股份 2021 年 5 月 10 日收盤時的分時走勢圖。從當天分時走勢可以看出，當日個股開高回落，然後逐波逐波上漲，13:50 左右封漲停板，後漲停板反覆被打開封回多次，臨收盤前封回漲停板。

　　當日封板時間晚，封板結構比較差，成交量較前一交易日明

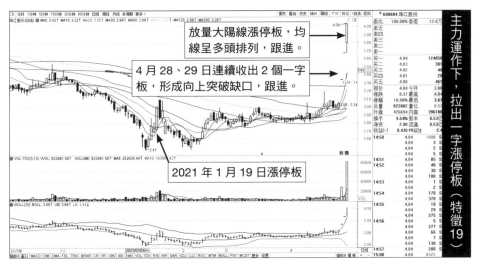

▲ 圖 5-3

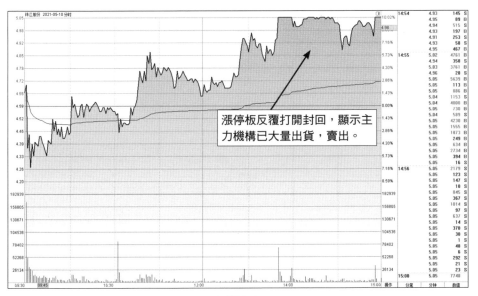

▲ 圖 5-4

顯放大，且股價已到相對高位，應該是主力機構利用盤中拉高、封板打開等時機展開逢高出貨。投資人一定要特別注意此種情況，應該在當日或次日逢高清倉，避免被套。

　　圖 5-5 是 600684 珠江股份 2021 年 5 月 10 日收盤時的 K 線走勢圖。從 K 線走勢可以看出，該股 28、29 日收出兩個一字漲停板後，30 日又收出一個大陽線漲停板，5 月 6 日個股整理了一個交易日，接著又連續拉出2個大陽線漲停板，漲幅相當大。

　　如果投資人能在 30 日開盤後大膽跟進，收益是非常不錯的，即使在 5 月 6 日進場買進，也差不多能收穫兩個漲停板。

　　5月10日，該股收出一根長下影線漲停陽 K 線，成交量較前

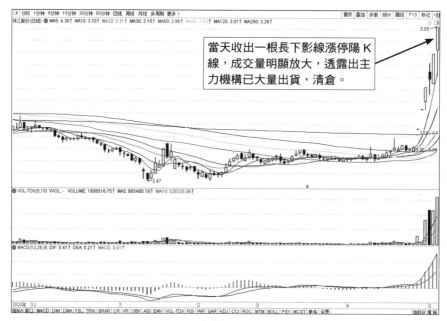

當天收出一根長下影線漲停陽 K 線，成交量明顯放大，透露出主力機構已大量出貨，清倉。

▲ 圖 5-5

一交易日明顯放大，換手率達18.85%。理論上來說，在高位出現帶長下影線的 K 線，往往是主力機構做空力量出逃所導致，也是一種確認性的賣出訊號，而不是投資人所認為的強支撐。

從前面的分時走勢分析也可以看出，當日主力機構利用盤中拉高、漲停板打開等時機，已經在高位賣出不少籌碼。當天沒有出貨或者沒有出完貨的投資人，次日一定要逢高清倉。

第二種情況是，個股處於上升趨勢已有不少漲幅，且前期已出現過兩個以上漲停板，主力機構經由拉一字漲停板拉高，不再讓投資人有進場的機會。其目的是拉出利潤和出貨空間，為後面出貨（比如打壓出貨或橫盤震盪出貨）作準備，這種個股危險係數較高，投資人要謹慎選擇。

圖 5-6 是 002941 新疆交建 2021 年 3 月 30 日收盤時的分時走勢圖。從分時走勢可以看出，當日該股漲停開盤，直至收盤漲停沒被打開，收出一字漲停板，成交量較前一交易日大幅萎縮，盤面強勢特徵十分明顯。

圖 5-7 是 002941 新疆交建 2021 年 3 月 31 日收盤時的分時走勢圖，該股前一個交易日為一字板漲停，走勢十分強勢。當日該股同樣漲停開盤，依然強勢。但在開盤 8 分鐘後，漲停板即被大賣單打開，大量獲利盤出逃，在買盤一漲停價位排隊來不及撤換單的買單，如願以償全部買入。

13:33 該股封回封停板，直至收盤。從分時走勢可以看出，該股當天漲停板打開時間長達 2 小時 25 分，分時盤面留下一個大長坑，主力機構籌碼幾乎全線出逃。當日漲停板封板結構弱。

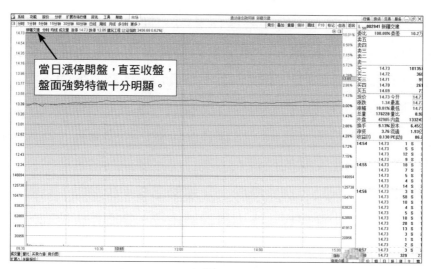

當日漲停開盤，直至收盤，盤面強勢特徵十分明顯。

▲ 圖 5-6

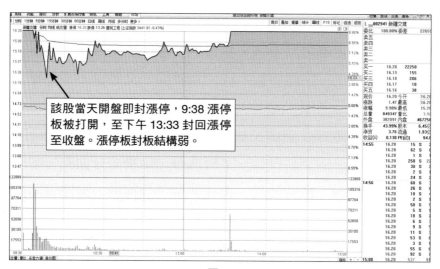

該股當天開盤即封漲停，9:38 漲停板被打開，至下午 13:33 封回漲停至收盤。漲停板封板結構弱。

▲ 圖 5-7

　　圖 5-8 是 002941 新疆交建 2021 年 3 月 31 日收盤時的 K 線走勢圖。可以看出，該股 2018 年 11 月 28 日上市後，有過一波大幅度拉升，股價被暴炒過，最高價達到 44.63 元。

　　之後一路震盪下跌，至 2021 年 2 月 4 日最低價 9.16 元止跌，下跌時間長達 2 年多，跌幅也是相當之大。隨後主力機構快速向上推升股價，收集籌碼，然後展開小幅橫盤震盪整理，洗盤吸籌，3 月 11 日拉出過一個大陽線漲停板。

　　3 月 26 日個股開低，拉出一個大陽線漲停板，突破平台和前高，形成大陽線漲停 K 線型態。當日成交量較前一交易日放大近 3 倍，且短中期均線呈多頭排列，股價的強勢特徵比較明顯。這種情況時，如果投資人追蹤或瀏覽到該股，可以在當日或次日進場，積極逢低買進籌碼。

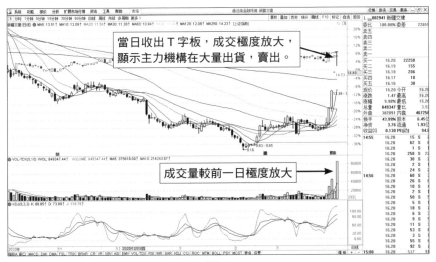

▲ 圖 5-8

　　3月29日繼續收出一個大陽線漲停板，30日接著收出一字漲停板，此時該股已經拉出3個漲停板，投資就要注意安全。

　　3月31日主力機構漲停開盤，收出一個T字板。從前面的分時走勢也可以看出，該股當日開盤漲停不久即被打開，時間較長、跌幅較深，成交量較前一交易日極度放大。顯然是主力機構利用漲停以及漲停板打開的時機，在高位震盪出貨。

　　像這種之前大漲過，又拉出多個漲停板之後的一字板或T字板，投資人應謹慎對待。即使進場也要盯緊盤面、關注成交量的變化，發現情況不對就馬上撤退。

　　圖5-9是002941新疆交建2021年4月30日收盤時的K線走勢圖。這是該股距離3月31日收出T字板整整一個月之後的K線走勢，從圖中來看，股價被徹底打回原形。

　　打開該股4月1日（即收出T字板第2日）的分時走勢可以看出，該股早盤跳空開低後略有衝高，然後一路盤跌，顯然是主力機構利用衝高繼續賣出籌碼。

　　當日13:30又是一次衝高後的一路出貨，最後跌停收盤，盤面弱勢特徵十分明顯。從K線走勢來看，此後個股一路下跌，再也沒有什麼像樣的反擊。

　　每個交易日後，雖然一字漲停板個股的選項相對較少，但也必須做好目標股票的尋找、甄選和追蹤工作。要找出那些前期有過漲停，位置不是太高、首次出現一字板的股票，加入自選股進行追蹤觀察。

　　若分析研判後，能在次日進場買進的，要積極尋機進場；若

▲ 圖 5-9

2 至 3 個一字板之後有進場機會的，也是重點關注個股。為保險
起見，已經連續拉出 3～5 個一字漲停板的個股，要謹慎對待。

5-2

小心主力的操作，避免騙線及誘空陷阱

T 字漲停板也是一種非常強勢的盤面，即**個股當天以漲停開盤，盤中漲停板被大賣單打開，之後又再次封回漲停板。**

能夠漲停開盤、之後又能把漲停板打開、打開之後又能再次封回，一定是主力機構謀劃運作的結果。主力機構的目的是什麼呢？由於 T 字板的情況比較複雜，這裡只分析兩種情況。

一、主力機構震倉洗盤

此類個股下跌時間長、跌幅大，止跌後或展開震盪盤升或橫盤震盪整理洗盤吸籌。K 線走勢表現為小陰小陽，且底部逐漸抬高，短中期均線逐漸形成多頭排列。

個股在拉漲停板之前，潛伏其中的主力機構已經悄悄收集大量籌碼，控盤比較到位。某日突然拉出大陽線或小陽線漲停板（抑或一字漲停板），到第二個或第三個漲停板時為 T 字板，就可能是主力機構再次震倉洗盤或試盤。

投資人瀏覽或追蹤過程中發現這類個股，可以作為立即進場

買入的最佳選擇對象。因為 T 字板之前，股價沒有大幅快速拉升過，加上前期股價震盪盤升時間較長，主力機構籌碼鎖定程度高、控盤比較到位，已經或即將啟動快速拉升行情。

　　圖 5-10 是 002374 中銳股份 2021 年 11 月 29 日收盤時的分時走勢圖。該股前一交易日拉出一個大陽線漲停，當天漲停開盤，瞬間回落，9:39 再封漲停至收盤沒再打開，期間成交量迅速放大，分時盤面留下一個大坑，但強勢特徵仍十分明顯。

　　在當天漲停板被打開的 9 分鐘時間裡，堅持在盤面漲停價位掛買單排隊等候進場的投資人，應該都買進了。這也是前一日大陽線漲停之後，來不及進場的投資人最好的時機。

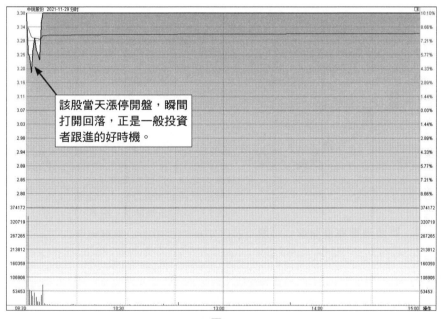

▲ 圖 5-10

當然，反應快的投資人，在當日漲停開盤瞬間打開後，也能快速進場買入籌碼。

圖 5-11 是 002374 中銳股份 2021 年 11 月 29 日收盤時的 K 線走勢圖，可以看出，此時股價正處於高位長期下跌止穩之後的上漲走勢中。該股從前期相對高位 2018 年 7 月 4 日最高價 6.19 元，震盪下跌至 2021 年 1 月 13 日最低價 1.99 元止跌。下跌時間長、跌幅大，期間有過多次較大幅度的反彈。

2021 年 1 月 13 日止跌後，主力機構快速推升股價，收集籌碼，然後展開大幅震盪盤升（挖坑）洗盤行情，高賣低買賺取差價，獲利與洗盤吸籌並舉。震盪盤升期間多次收出漲停板（1月

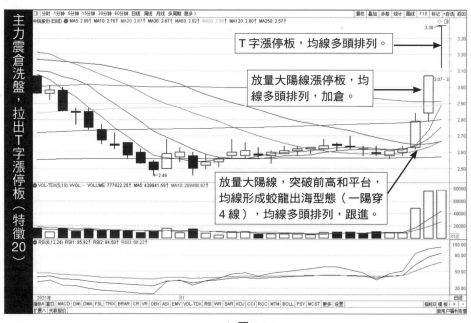

▲ 圖 5-11

116

19 日拉出一字板、7 月 21 日、8 月 10 日、9 月 10 日分別拉出大陽線漲停板，主力機構拉漲停的目的應該是吸籌）。

11 月 25 日主力機構開高收出一根大陽線（漲幅 6.49%），突破平台和前高，成交量較前一交易日放大 5 倍多。股價突破 5 日、10 日、30 日和 120 日均線（一陽穿 4 線），20 日、250 日均線在股價下方上行，60 日均線在股價上方下行，90 日均線在股價上方上行，均線蛟龍出海型態形成。

此時均線呈多頭排列（除 30 日、60 日均線外），MACD、KDJ 等技術指標開始走強，股價的強勢特徵已經顯現，後市上漲機率大。投資人可以在當日或次日進場，逢低買進籌碼。

11 月 26 日主力機構跳空開高，拉出一個大陽線漲停板，突破前高，形成大陽線漲停 K 線型態，成交量較前一交易日明顯放大。此時，均線呈多頭排列（除 60 日均線外），MACD、KDJ 等技術指標強勢，股價的強勢特徵已經非常明顯。投資人可以在當日或次日，逢低買進籌碼。

11 月 29 日主力機構跳空開高拉出一個 T 字漲停板，突破前高，形成 T 字漲停 K 線型態，成交量與前一交易日基本上持平。此時均線呈多頭排列，MACD、KDJ 等技術指標持續強勢，股價的強勢特徵已經十分明顯，後市繼續上漲的機率非常大。

投資人如果當日沒能進場（從當天分時走勢看，開盤後漲停板被打開長達 9 分鐘時間，投資人還是有充足的時間進場買入籌碼的），可以在次日進場加倉，持股待漲，待股價出現明顯見頂訊號後再賣出。

　　圖 5-12 是 002374 中銳股份 2021 年 12 月 31 日收盤時的分時走勢圖。從分時走勢來看，該股當日漲停開盤，瞬間被大賣單打開，成交量迅速放大，後漲停板封回、打開反覆多次。9:54 漲停板再次被打開後，股價一路震盪下跌，至收盤也沒有再封回。

　　當日成交量較前一日放大 3 倍多，明顯是主力機構利用漲停開盤（漲停誘多）、漲停板反覆打開封回、盤中拉高等手法展開誘多出貨。這種情況時，投資人如果手中有貨當天沒出完，次日一定要逢高清倉。

　　圖 5-13 是 002374 中銳股份 2021 年 12 月 31 日收盤時的 K 線走勢圖。從該股的 K 線走勢可以看出，11 月 29 日個股跳空開高

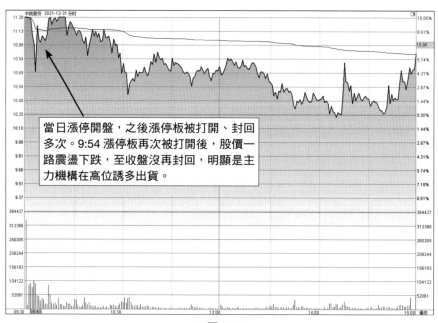

當日漲停開盤，之後漲停板被打開、封回多次。9:54 漲停板再次被打開後，股價一路震盪下跌，至收盤沒再封回，明顯是主力機構在高位誘多出貨。

▲ 圖 5-12

拉出一個 T 字漲停板後，主力機構即開啟快速拉升行情。

　　從拉升情況看，主力機構依托 5 日均線展開快速拉升，期間展開過 2 次強勢回檔洗盤，股價回檔跌（刺）破 10 日均線馬上收回，10 日均線對股價發揮較強的支撐作用，整體上漲走勢乾淨順暢。從 11 月 29 日至 12 月 31 日共 25 個交易日，拉出 16 個漲停板，其中 5 個一字板、1 個 T 字板、4 個小陽線漲停板、6 個大陽線漲停板，漲幅相當可觀。

　　12 月 31 日個股漲停開盤，收出一根假陰真陽錘頭線（高位錘頭線也稱吊頸線，是主力機構的一種騙線行為，暗示此處有強大的承接盤，目的在於誤導投資人。透露出主力機構欲蓋彌彰、

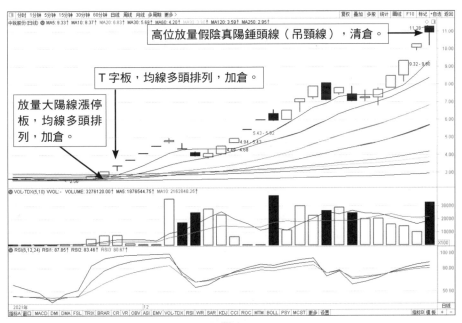

▲ 圖 5-13

準備撤退的真實意圖），成交量較前一交易日放大 3 倍多，明顯是主力機構在利用漲停板、漲停板打開進行誘多出貨。

此時，股價遠離 30 日均線且漲幅很大，KDJ 等部分技術指標開始走弱，盤面的弱勢特徵已經顯現。這種情況時，投資人當天如果還有沒出完的籌碼，次日應該逢高清倉。

需要提醒的是，像這種較低位置出現的震倉洗盤 T 字板大牛股很難遇見，多數是數個漲停板之後出現的 T 字板。

對於數個漲停板（大陽線漲停板加一字板最好不超過 3 個）之後出現的 T 字板，可以選擇那些開板時間不長，沒有反覆打開且放量不大的個股跟進。這類個股安全些，且獲利的機率也大些。

如果投資人已跟進的 T 字板，當日或次日出現成交量迅速放大，或很快出現明顯見頂訊號，次日最好擇機逢高清倉。

二、主力機構出貨

這種 T 字板的個股股價所處位置已經很高了，有的前期已經連續拉出幾個漲停板或一字板，然後拉出 T 字板。當日成交量明顯放大，應該是主力機構在封漲停板後採取撤換買單賣出了部分籌碼，這也是漲停誘多的真實表現。手中有籌碼的投資人可以逢高出場，見好就收。

由於主力機構籌碼多，一兩個交易日時間很難出完貨，後續應該還有衝高回落或者盤整或者整理後繼續向上拉升的可能。投資人可以另選主力機構準備啟動拉升行情的其他強勢個股，分析後擇機逢低跟進，應該會更安全些。

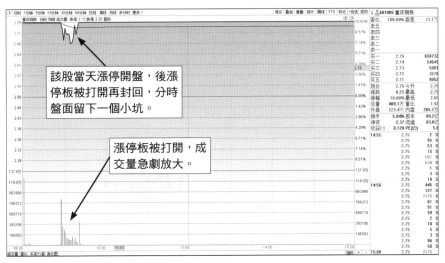

▲ 圖 5-14

　　圖 5-14 是 601005 重慶鋼鐵 2021 年 5 月 7 日收盤時的分時走勢圖。該股當天漲停開盤（漲停誘多），9:57 漲停板被大賣單打開，成交量極具放大。10:15 封回漲停板至收盤，漲停板沒再打開，分時盤面留下一個小坑，成交量較前一交易日大幅放大，應該是主力機構利用漲停在高位先出了一大部分貨。

　　圖 5-15 是 601005 重慶鋼鐵 2021 年 5 月 7 日收盤時的 K 線走勢圖。可以看出，雖然此時個股走勢仍處於上升趨勢中，但該股從 2021 年 2 月 5 日最低價 1.35 元上漲以來，漲幅已經相當大了，光漲停板就拉出了 8 個。

　　當日收出 T 字板，成交量較前一交易日放大 3 倍多，明顯是主力機構已經產生退意，利用漲停誘多先出一大部分貨。

　　圖 5-16 是 601005 重慶鋼鐵 2021 年 5 月 10 日收盤時的分時

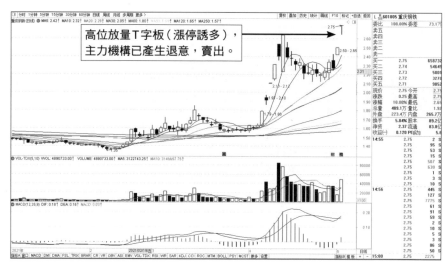

高位放量T字板（漲停誘多），
主力機構已產生退意，賣出。

▲ 圖 5-15

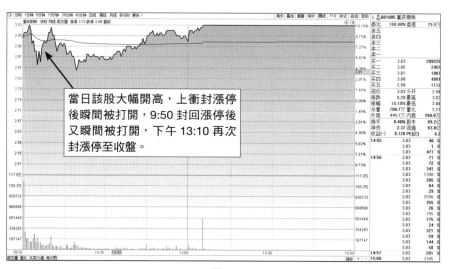

當日該股大幅開高，上衝封漲停
後瞬間被打開，9:50 封回漲停後
又瞬間被打開，下午 13:10 再次
封漲停至收盤。

▲ 圖 5-16

走勢圖。該股上一交易日收出一個 T 字板，當日該股跳空 8.36%
開盤後快速上衝，於 9:34 漲停，之後瞬間被大賣單打開。

9:50 封回漲停板又瞬間被大賣單位打開，隨後股價展開高位
大幅震盪整理。13:10 再次封回漲停板一直到收盤，漲停板沒再
打開，漲停封板結構弱。

從分時走勢可以看出，該股當天開漲停板時間長達 2 個多小
時，分時盤面留下一個大長坑，成交量較前一交易日明顯放大。
明顯是主力機構利用大幅跳空開高、盤中高位震盪整理以及拉高
封漲停板等手法，展開高位誘多出貨。投資人如果當天手中有貨
沒出完，次日一定要逢高清倉。

圖 5-17 是 601005 重慶鋼鐵 2021 年 5 月 10 日收盤時的 K 線
走勢圖。可以看出，該股上一個交易日收出一個 T 字板，當日大

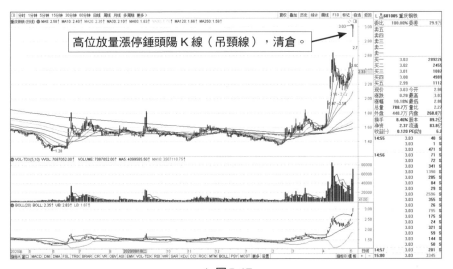

▲ 圖5-17

幅跳空開高，收出一根漲停錘頭陽 K 線（高位錘頭線也稱吊頸
線，是主力機構的一種騙線行為，暗示此處有強大的承接盤，目
的在於誤導投資人，透露出主力機構欲蓋彌彰、準備撤退的真實
意圖），成交量較前一日大幅放大，明顯是主力機構在高位誘多
出貨。投資人如果手中有貨當天還沒出完，次日要逢高清倉。

　　圖 5-18 是 601005 重慶鋼鐵 2021 年 5 月 11 日收盤時的分時
走勢圖。圖中可以看出，該股當天小幅開高後衝高回落，然後展
開反覆震盪行情，尾盤股價有短暫跳水，整個分時走勢是主力機
構不斷震盪出貨的過程。當日收盤跌幅 0.66%，成交量較前一交
易日明顯放大。

　　圖 5-19 是 601005 重慶鋼鐵 2021 年 5 月 11 日收盤時的 K 線
走勢圖。可以看出，該股上一個交易日收出一根漲停錘頭陽 K

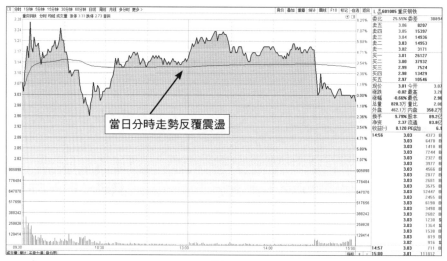

▲ 圖 5-18

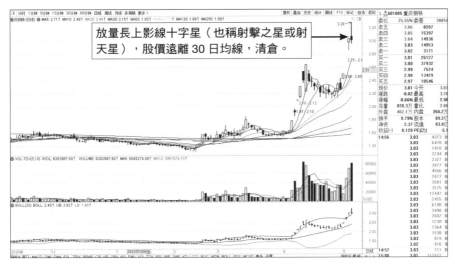

放量長上影線十字星（也稱射擊之星或射天星），股價遠離 30 日均線，清倉。

▲ 圖5-19

線。當日該股開高，收出一顆長上影線陰十字星（高位十字星又稱射擊之星或射天星），成交量較前一交易日再次放大，收盤跌幅 0.66%。

理論上來說，高位出現射擊之星 K 線，再配合放大的成交量，可以確認為股價的見頂訊號。和上一個交易日出現的高位漲停錘頭陽 K 一樣，都是主力機構大量出貨的象徵。

此時，股價遠離 30 日均線且漲幅大，KDJ 等部分技術指標開始走弱，盤面的弱勢特徵已經顯現。這種情況時，投資人當天如果還有籌碼沒出完，次日應該逢高清倉。

5-3
主力拉過漲停板的個股，獲利更多也更快

　　一字漲停板、Ｔ字漲停板的其他漲停個股，是指主力機構在對目標股票控盤（或基本控盤）的情況下，對大勢、時空、價格及其他技術指標等因素，綜合分析後，不以漲停開盤方式拉出漲停板的股票。

　　主力機構操作股票的目的只有一個，那就是獲利，但其運作股票的手段卻是詭計多端、千變萬化。

　　有的建倉完成後直接拉升甚至拉出漲停板，到一定高度後或橫盤震倉或打壓洗盤，然後繼續上漲；有的建倉完成後不急不緩，小陰小陽慢慢抬高底部，什麼時候拉出漲停板，只有主力機構自己心裡清楚。

　　操盤過程中，投資人如果想使獲利的可能性大一些、快一些，選擇目標股票時，最好選擇個股股價已經處於上升趨勢，且前期已經拉出過漲停板的個股。

　　這裡只分拆研究兩種情況：**一是個股底部抬高持續盤整向**

上，步入上升趨勢的第一個漲停板。個股止跌後，展開橫盤震盪整理或震盪盤升行情，K 線走勢大陰大陽較少，小陰小陽居多，震盪（整理）過程中底部慢慢抬高，短中期均線逐步呈多頭排列之勢，個股強勢特徵逐漸顯現。

主力機構突然在某個交易日拉出漲停板，目的應該是拉高進場成本，或儘快脫離主力機構成本區，或啟動上漲行情。

投資人若在操盤過程中發現此類個股，可以作為除了一字板和 T 字板之後的最佳目標股票選擇，積極尋機進場買進。

此類個股拉出第一個漲停板後可能連續拉升，也可能回檔洗盤，然後呈逐步震盪盤升態勢。整體趨勢是樂觀向上的，只是時間上可能要持續稍長些。事實上，主力機構操作一檔股票的過程，其實也是考驗投資人意志的過程。

圖 5-20 是 600688 上海石化 2021 年 9 月 3 日收盤時的分時走勢圖。從分時走勢可以看出，該股當天向上跳空 2.93% 開高，迅速封漲停，瞬間漲停板被大賣單打開，又馬上封回。9:40 漲停板再次被大單打開，9:42 快速封回，直到收盤沒有再打開，成交量較前一交易日大幅放大。

從當日分時走勢來看，漲停板雖然兩次被打開，但很快被封回。打開的時間短，分時價格線上雖然留下兩個小缺口，但分時盤面強勢特徵依然十分明顯。做多氛圍濃厚，短期續漲機率大，後市可看多做多。

圖 5-21 是 600688 上海石化 2021 年 9 月 3 日收盤時的 K 線走勢圖，可以看出，此時股價正處於高位長期下跌止穩之後的上漲

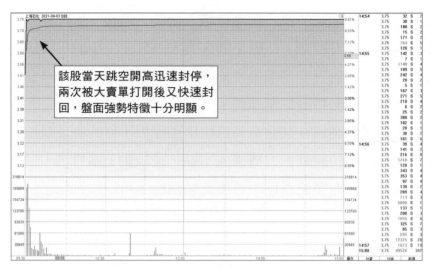

該股當天跳空開高迅速封停，兩次被大賣單打開後又快速封回，盤面強勢特徵十分明顯。

▲ 圖 5-20

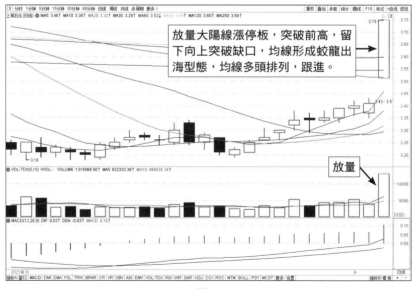

放量大陽線漲停板，突破前高，留下向上突破缺口，均線形成蛟龍出海型態，均線多頭排列，跟進。

放量

▲ 圖 5-21

（反彈）走勢中。股價從前期相對高位 2020 年 3 月 10 日最高價
5.45 元，一路震盪下跌，至 2020 年 11 月 2 日最低價 3.27 元止跌。
下跌時間較長、跌幅較大。

2020 年 11 月 2 日止跌後，主力機構快速推升股價，收集籌
碼，然後展開大幅震盪盤升（挖坑）洗盤整理行情，高賣低買，
賺取差價與洗盤吸籌並舉，考驗投資人的信心和耐力。

2021 年 8 月 2 日，股價回檔洗盤至坑底（當日最低價 3.18
元）止跌。隨後主力機構展開初期上漲行情，K 線走勢紅多綠
少，紅肥綠瘦，個股走勢呈上升趨勢。

9 月 3 日主力機構向上跳空 2.93% 開高，拉出一個大陽線
漲停板，突破前高，留下向上突破缺口，形成大陽線漲停 K 線
型態，成交量較前一交易日放大 3 倍多。當日股價向上穿過 60
日、90 日、120 日和 250 日均線（一陽穿 4 線），5 日、10 日、
20 日、30 日均線在股價下方上行，均線蛟龍出海型態形成。

此時均線呈多頭排列（除 60 日均線外），MACD、KDJ 等
技術指標開始走強，股價的強勢特徵已經顯現，後市上漲機率
大。這種情況時，投資人可以在當日或次日進場，逢低買進。

圖 5-22 是 600688 上海石化 2021 年 9 月 6 日收盤時的分時走
勢圖。從分時走勢可以看出，該股當天向上跳空 1.33% 開高後，
股價幾乎直線上衝，於 9:34 迅速封漲停，但瞬間漲停板被大賣
單打開，成交量急速放大。9:52 封回漲停板，至收盤漲停板沒有
再打開，成交量較前一交易日有效放大。

分時盤面雖然留下一個被大賣單砸出的坑，但整體盤面強勢

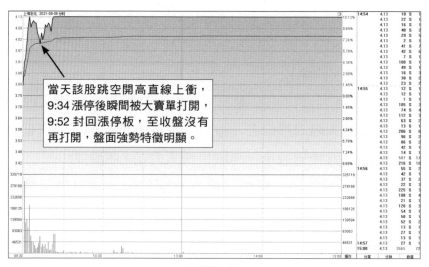

上海石化 2021-09-06 分时

當天該股跳空開高直線上衝，
9:34 漲停後瞬間被大賣單打開，
9:52 封回漲停板，至收盤沒有
再打開，盤面強勢特徵明顯。

▲ 圖 5-22

特徵仍然十分明顯，做多氛圍濃厚，短期續漲機率大，後市可看多做多。當日漲停板打開 8 分鐘，有心想進場的投資人，都有買進的機會。

圖 5-23 是 600688 上海石化 2021 年 9 月 6 日收盤時的 K 線走勢圖。從 K 線走勢可以看出，該股前一交易日主力機構已經拉出一個放量大陽線漲停板。當日繼續跳空開高，再次拉出一個大陽線漲停板，突破前高，形成大陽線漲停 K 線型態，成交量較前一交易日有效放大。

此時，短中長期均線呈多頭排列，MACD、KDJ 等技術指標持續走強，股價的強勢特徵依然十分明顯，做多氛圍濃厚，短期續漲機率大，後市繼續看好。這種情況時，投資人可以在當日或次日進場，逢低買進籌碼。

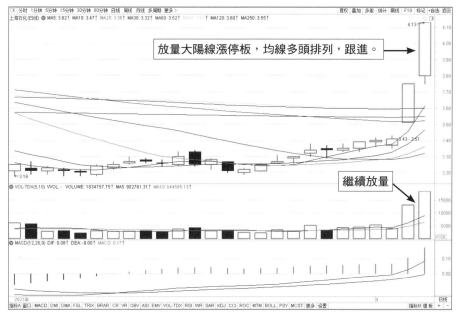

放量大陽線漲停板，均線多頭排列，跟進。

繼續放量

▲ 圖 5-23

　　圖 5-24 是 600688 上海石化 2021 年 9 月 7 日收盤時的分時走勢圖。從分時走勢來看，當天該股跳空 5.33% 開盤，然後股價震盪回落，接近前一交易日收盤價時拐頭上行，展開震盪盤升行情。13:00 封漲停板，13:11 漲停板被大賣單打開，14:08 再封回，至收盤漲停板沒有再打開。

　　分時盤面留下大小 2 個坑，當日漲停板打開時間近 3 個小時，漲停板封板結構弱。從當天的分時走勢看，開盤就回落且回落幅度較深、漲停板被打開且時間較長，成交量較前一交易日大幅放大。明顯是主力機構利用大幅跳空開高、盤中高位震盪整理、漲停打開等操盤手法展開誘多出貨。這種情況時，投資人如

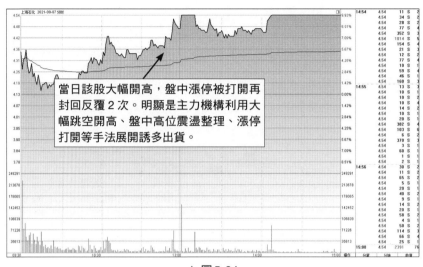

當日該股大幅開高，盤中漲停被打開再封回反覆2次。明顯是主力機構利用大幅跳空開高、盤中高位震盪整理、漲停打開等手法展開誘多出貨。

▲ 圖 5-24

果手中有貨當天還沒有出完，次日應該逢高清倉。

　　圖 5-25 是 600688 上海石化 2021 年 9 月 7 日收盤時的 K 線走勢圖。從 K 線走勢可以看出，該股前 2 個交易日連續拉出 2 個大陽線漲停板。

　　當日大幅跳空開高，收出一根漲停錘頭陽 K 線（高位錘頭線也稱吊頸線，是主力機構的一種騙線行為，暗示此處有強大的承接盤，目的在於誤導投資人，透露出主力機構欲蓋彌彰、準備撤退的真實意圖），成交量較前一日大幅放大，明顯是主力機構在高位誘多出貨。

　　此時，股價遠離 30 日均線且漲幅較大，KDJ 等部分技術指標開始走弱，盤面的弱勢特徵已經顯現。這種情況時，投資人當天如果還有沒出完的籌碼，次日應該逢高賣出。

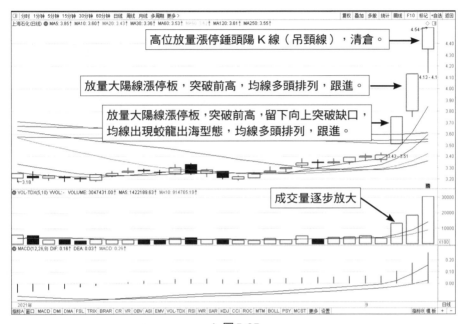

▲ 圖 5-25

　　二是個股處於相對高位橫盤震盪洗盤之後的第一個漲停板。 個股經過初期上漲後，有了一定幅度的漲幅，積累不少獲利盤。主力機構利用大盤整理等時機，經由展開強勢橫盤震盪整理洗盤或回檔洗盤等手法，來消化獲利盤（包括套牢盤），拉高新進場投資人的入場成本，減輕後市拉升壓力。

　　整理結束後，隨著成交量放大和各種強勢 K 線、均線型態及技術指標走強，主力機構拉出整理之後的第一個漲停板。

　　此類個股在本次漲停之前已經拉出過漲停板，有的甚至拉出過多個漲停板，股價已處於相對高位。瀏覽和追蹤過程中若發現類似個股，可以作為目標股票選擇，然後尋機進場逢低買入。

　　一般情況下，中期整理洗盤之後，個股走勢已步入快速拉升環節，主力機構後期的拉升目標應該是比較明確的。投資人進場後就要盯緊盤面，注意追蹤觀察盤面主力機構操盤動態、量能變化、均線排列及大盤走勢等情況，做好隨時賣出的準備。

　　圖 5-26 是 000615 奧園美谷 2021 年 4 月 22 日收盤時的分時走勢圖。從分時走勢來看，該股當天向上跳空 6.45% 開高後，快速衝高直接封漲停板，至收盤漲停板沒被打開。

　　當日成交量較前一交易日萎縮，漲停板封板結構好，分時盤面強勢特徵明顯，做多氛圍濃厚，短期上漲機率大，後市可看多做多。

　　圖 5-27 是 000615 奧園美谷 2021 年 4 月 22 日收盤時的 K 線走勢圖，這是當年上半年走出的一支大牛股。由 K 線走勢可以看

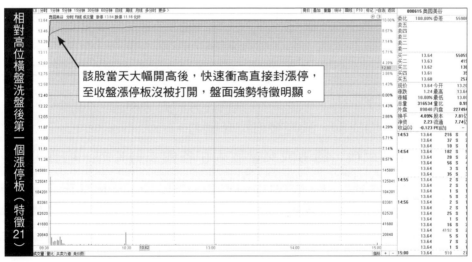

▲ 圖 5-26

出，此時個股走勢處於上升趨勢中。

股價從前期相對高位 2017 年 4 月 17 日最高價 26.94 元，一路震盪下跌，至 2020 年 2 月 5 日最低價 3.19 元止跌。下跌時間長、跌幅大，期間有過多次反彈，且反彈幅度較大。尤其是下跌後期的幾個交易日，主力機構借助當時大盤大跌之勢，加速洗盤殺跌。

2020 年 2 月 5 日止跌後，主力機構快速推升股價，收集籌碼，然後展開大幅震盪盤升（挖坑）洗盤整理行情。高賣低買，賺取差價與洗盤吸籌並舉，震盪盤升整理行情持續 9 個多月。

2020 年 10 月 26 日，股價回檔洗盤至坑底（當日最低價 3.85 元）止跌回穩。此後 K 線走勢紅多綠少，紅肥綠瘦，個股走勢呈上升趨勢。

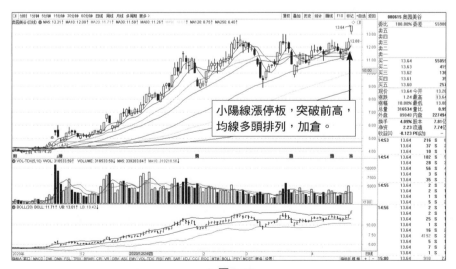

▲ 圖 5-27

　　11 月 16 日個股跳空開高，收出一根大陽線，突破前高（坑沿），成交量較前一交易日明顯放大，短期均線呈多頭排列。MACD、KDJ 等技術指標開始走強，股價的強勢特徵已經顯現，後市上漲機率大。

　　這種情況時，投資人可以在當日或次日逢低進場買進籌碼。此後個股展開初期上漲行情。初期上漲行情期間，主力機構拉出 9 個漲停板，漲幅也是相當大的。

　　2021 年 2 月 25 日，當日個股開低衝高至 12.94 元回落，收出一根帶上影線的小陽線，成交量較前一交易日萎縮。初期上漲行情結束，主力機構展開橫盤震盪整理洗盤行情。

　　4 月 22 日主力機構跳空開高，拉出一個小陽線漲停板，突破前高和平台，留下向上中繼缺口，形成小陽線漲停 K 線型態，成交量較前一交易日萎縮（量小的原因是該股當日開盤即快速封漲停），橫盤震盪整理洗盤行情結束。

　　此時，短中長期均線呈多頭排列，MACD、KDJ 等技術指標走強，股價的強勢特徵相當明顯，主力機構快速拉升行情已經開啟。這種情況時，投資人可以在當日或次日進場，逢低加倉買進籌碼，待股價出現明顯見頂訊號後再賣出。

　　圖 5-28 是 000615 奧園美谷 2021 年 5 月 13 日收盤時的分時走勢圖。從分時走勢來看，該股當天向上跳空 4.41% 開高後，略衝高即快速回落，然後展開震盪整理行情，至收盤漲幅 6.47%。

　　當日成交量較前一交易日明顯放大，顯露出主力機構利用開高、盤中拉高引誘跟風盤，來進行高位震盪出貨的跡象，後市謹

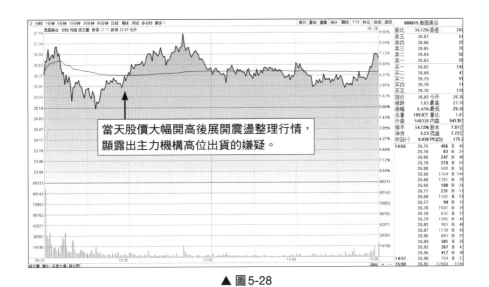

當天股價大幅開高後展開震盪整理行情，
顯露出主力機構高位出貨的嫌疑。

▲ 圖 5-28

慎看多。

圖 5-29 是 000615 奧園美谷 2021 年 5 月 13 日收盤時的 K 線走勢圖。從 K 線走勢來看，該股自 4 月 22 日拉出一個小陽線漲停板，形成小陽線漲停 K 線型態和向上中繼缺口之後，主力機構啟動快速拉升行情。

從拉升情況來看，主力機構依托 5 日均線，採取盤中洗盤的操盤手法，幾乎是直線向上快速拉升。期間有過 1 次強勢小整理，股價跌（刺）破 5 日均線很快收回。

從 4 月 22 日至 5 月 13 日，13 個交易日中，共拉出 11 根陽線（其中一根假陰真陽十字星），其中有 6 個漲停板，漲幅相當可觀。

5 月 13 日個股大幅開高衝高回落，收出一根小螺旋槳陽 K 線

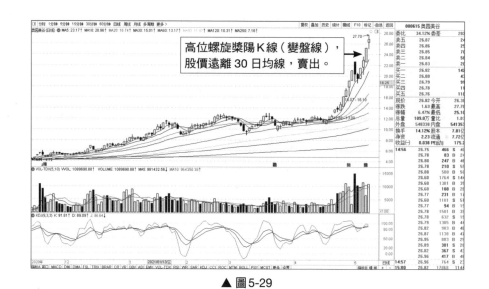

▲ 圖 5-29

（高位螺旋槳 K 線，又稱變盤線或轉勢線），成交量較前一交易日明顯放大，收盤漲幅 6.47%。應該是主力機構利用大幅開高、盤中拉高，吸引跟風盤震盪出貨。

此時，雖然個股走勢仍處於上升趨勢中，但股價遠離 30 日均線且漲幅過大，KDJ 等部分技術指標已開始走弱，還是慎重為佳。投資人當日如果還有籌碼沒有出完，次日要逢高賣出。

除一字板、T 字板外，其他漲停個股的選項還是比較多的。投資人平時就要做好尋找、選擇和追蹤目標股票的工作，對收盤漲停的個股進行一一翻看分析。把走勢強於大盤、已經走出底部、均線多頭排列且放量漲停的個股，加入自選股進行追蹤觀察，做好隨時進場的準備。

Chapter 6

【量價實作課 1】
向上缺口未封閉時，
是個股做多訊號！

　　上行缺口未封閉，是指個股以高於前一交易日收盤價若干價位開盤，當日股價回檔沒有跌破前一日收盤價，分時走勢（K 線走勢）圖上形成一個向上的跳空缺口。**個股開高如果缺口未被封閉，說明主力機構正在有預謀有計劃、有步驟地控盤操盤。**

　　對上行缺口未封閉的強勢個股，要看其所處位置。如果是股價剛脫離底部或處於相對低位，可以尋機選擇大膽跟進，很有可能是主力機構要啟動拉升了，但也有反覆的可能。

　　如果位置過高就要注意了，很有可能是主力機構拉高誘多，引誘跟風盤接貨。以下說明三種重要的上行缺口未封閉個股盤面。

6-1
回檔不破昨日「收盤價」的個股，是標的首選

　　當個股 K 線走勢處於上升趨勢中，某個交易日股價向上跳空開高後，回檔時沒有向下跌破前一交易日的收盤價，沒有完全回補缺口，當天的缺口便可能是向上跳空突破缺口，是一種強勢的分時盤面。

　　一般情況下，強勢盤面的缺口一般不會回補，有時可能形成 N 字型態或 W 字等型態向上分時走勢，且分時均價線支撐著分時價格線穩步上行。

　　這種開高分時盤面的個股，可以作為目標股票的首選，投資人結合該股 K 線走勢及其他技術指標後，就可以確定是否及時進場了。

　　圖 6-1 是 002596 海南瑞澤 2022 年 3 月 31 日收盤時的分時走勢圖。從分時走勢來看，該股當天向上跳空 2.65% 開高後，回檔沒有破前一交易日的收盤價。

　　分時價格線依托分時均價線同步向上運行，形成 W 字型態

141

分時走勢後，幾乎直線上衝。9:37 封漲停板，9:38 漲停板被大賣單打開，股價瞬間回落，然後展開橫盤震盪整理行情，10:16 封回漲停板。下午漲停板又反覆被打開封回 2 次，但打開時間比較短，應該是前期進場的短線獲利盤出逃。

當日漲停板被打開的總時間沒有超過 1 小時，回檔幅度不深，成交量較前一交易日明顯放大，分時走勢上留下當天開高後沒有完全回補的跳空缺口（當日股價回檔沒有下破前一交易日收盤價）。

漲停板封板結構較好，分時盤面強勢特徵比較明顯，做多氛圍濃厚，短期上漲機率大後市可看多做多。當日也正是前一交易

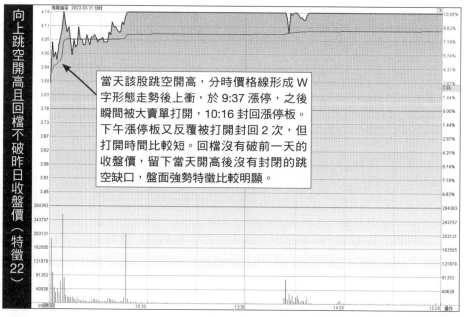

向上跳空開高且回檔不破昨日收盤價（特徵 22）

當天該股跳空開高，分時價格線形成 W 字形態走勢後上衝，於 9:37 漲停，之後瞬間被大賣單打開，10:16 封回漲停板。下午漲停板又反覆被打開封回 2 次，但打開時間比較短。回檔沒有破前一天的收盤價，留下當天開高後沒有封閉的跳空缺口，盤面強勢特徵比較明顯。

▲ 圖 6-1

日沒能進場的投資人，進場買進的最佳時機。

　　圖 6-2 是 002596 海南瑞澤 2022 年 3 月 31 日收盤時的 K 線走勢圖，可以看出，此時股價正處於高位長期下跌止穩之後的上漲（反彈）走勢中。股價從前期相對高位 2019 年 4 月 10 日最高價 12.25 元，一路震盪下跌，至 2022 年 3 月 16 日最低價 3.07 元止跌。

　　下跌時間長、跌幅大，期間有過多次反彈，且反彈幅度較大。下跌後期走勢比較平緩，主力機構利用震盪下跌整理，收集了不少籌碼。2022 年 3 月 16 日止跌後，主力機構快速推升股價，繼續收集籌碼。

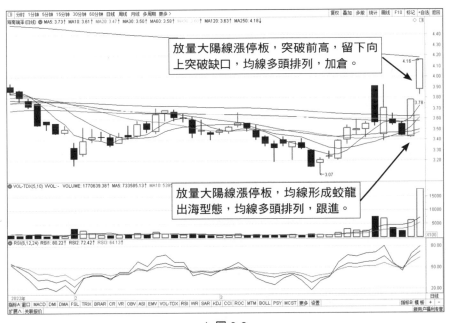

▲ 圖 6-2

3月30日，主力機構開低拉出一個大陽線漲停板，突破前高，形成大陽線漲停K線型態，成交量較前一交易日放大近3倍。股價向上穿過5日、10日、20日、30日、60日、90日和120日均線（一陽穿7線），250日均線在股價上方下行，均線蛟龍出海型態形成。

此時，均線呈多頭排列（除120日、250日均線外），MACD、KDJ等技術指標開始走強，股價的強勢特徵已經顯現，後市上漲機率大。這種情況時，投資人可以在當日或次日進場，逢低買進籌碼。

3月31日，主力機構跳空開高再次收出一個大陽線漲停板，突破前高，留下向上突破缺口，形成大陽線漲停K線型態，成交量較前一交易日放大近3倍。

此時均線呈多頭排列（除250日均線外），MACD、KDJ等技術指標走強，股價的強勢特徵已經十分明顯，後市快速上漲的機率非常大。投資人可以在當日或次日進場，逢低加倉買進籌碼，待股價出現明顯見頂訊號後再賣出。

圖6-3是002596海南瑞澤2022年4月7日收盤時的分時走勢圖。從分時走勢來看，該股當天向上跳空1.19%開高後，股價快速回落。分時價格線向下穿破上一交易日收盤價急速下行，然後迅速拐頭向上，形成W字型態分時走勢後，持續震盪走高於9:54封漲停板，10:08漲停板被大賣單打開。

當日漲停板反覆被打開、封回多次，被打開總時長超過3小時。回檔幅度較深，分時盤面留下一個大長坑，成交量較前一交

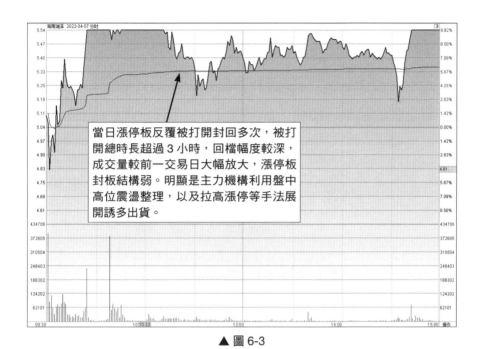

當日漲停板反覆被打開封回多次，被打開總時長超過 3 小時，回檔幅度較深，成交量較前一交易日大幅放大，漲停板封板結構弱。明顯是主力機構利用盤中高位震盪整理，以及拉高漲停等手法展開誘多出貨。

▲ 圖 6-3

易日大幅放大，漲停板封板結構弱。

此明顯是主力機構運用開高、拉高漲停、漲停板打開高位震盪等手法，引誘跟風盤展開出貨。投資人如果當天手中有貨還沒有出完，次日一定要逢高清倉。

圖 6-4 是 002596 海南瑞澤 2022 年 4 月 7 日收盤時的 K 線走勢圖。從 K 線走勢可以看出，該股 3 月 31 日跳空開高拉出一個放量大陽線漲停板（當日股價回檔沒有下破上一交易日收盤價）之後，4 月 1 日、6 日和 7 日又連續拉出 3 個漲停板，股價漲幅較大。

4 月 7 日主力機構跳空開高，收出一根長下影線漲停陽 K

線，成交量較前一日放大近 6 倍，明顯是主力機構在高位誘多出
貨。

此時股價遠離 30 日均線且漲幅過大，KDJ 等部分技術指標
已經有走弱的跡象。投資人如果當天手中還有籌碼沒出完，次日
要逢高清倉。

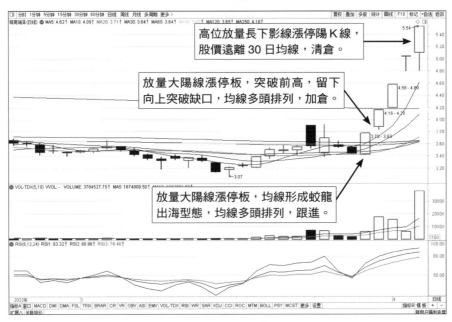

▲ 圖 6-4

6-2
回檔不破當天「開盤價」，主力做多意志堅決

　　當個股 K 線走勢處於上升趨勢中，某個交易日跳空開高，回檔時沒有跌破當天的開盤價、沒有回補缺口，且分時價格線始終在分時均價線上方運行，這是強勢特徵明顯的分時盤面。

　　其實主力機構早就算準了，股價推升到這個地步，其他投資人已經沒有多少獲利盤可賣。即使有少數賣盤，當日開盤價上方也有許多買單等著接盤，股價不可能跌破開盤價，也不可能回補缺口。

　　這就表示主力機構做多意志堅決，拉升信心很足。這種開高分時盤面的個股，可以作為目標股票選擇，投資人可以看多做多、適時擇機進場。

　　圖 6-5 是 600338 西藏珠峰 2021 年 5 月 6 日收盤時的分時走勢圖。該股當天向上跳空 3.82% 開高，直線上衝後小幅回檔，回檔沒有破當日的開盤價。分時價格線始終在分時均價線上方運行，形成 W 字型態分時走勢後，再度直線上衝漲停。

9:50 漲停板被大賣單打開，10:09 再次封回漲停板至收盤，漲停板封板結構較好，分時盤面強勢特徵明顯，做多氛圍濃厚後市看好。投資人當天想買進而錯過的，可在次日擇機進場。

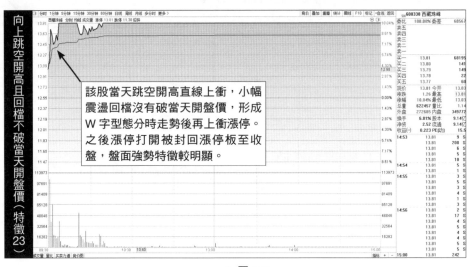

▲ 圖 6-5

圖 6-6 是 600338 西藏珠峰 2021 年 5 月 6 日收盤時的 K 線走勢圖，可以看出，此時股價正處於前期高位下跌止穩之後的上漲（反彈）走勢中。股價從前期相對高位 2020 年 7 月 9 日最高價 15.25 元，一路震盪下跌，至 2020 年 11 月 2 日最低價 7.88 元止跌，下跌時間雖然不長但跌幅大。

2020 年 11 月 2 日止跌後，主力機構快速推升股價，收集籌碼，然後展開大幅震盪整理行情。橫盤震盪整理時間長達 5 個月，主力機構採取高賣低買與洗盤吸籌並舉的操盤手法。K 線走

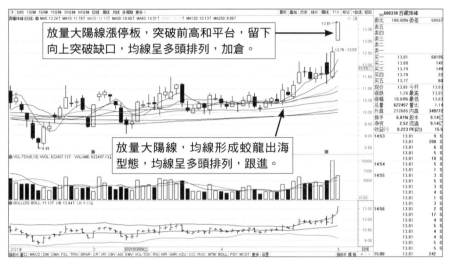

放量大陽線漲停板，突破前高和平台，留下向上突破缺口，均線呈多頭排列，加倉。

放量大陽線，均線形成蛟龍出海型態，均線呈多頭排列，跟進。

▲ 圖 6-6

勢呈上升趨勢，紅多綠少，紅肥綠瘦，期間主力機構拉出 6 個漲停板，主要目的應該是吸籌。

2021 年 4 月 19 日，主力機構開低收出一根大陽線（漲幅4.49%），突破前高和平台，成交量較前一交易日放大近 2 倍。股價向上突破（穿過）5 日、10 日、20 日和 30 日均線（一陽穿 4線），60 日、90 日、120 日和 250 日均線在股價下方上行，均線蛟龍出海型態形成。

此時均線呈多頭排列，MACD、KDJ 等技術指標開始走強，股價的強勢特徵已經顯現，後市上漲機率大。這種情況時，投資人可以在當日或次日逢低進場。

5 月 6 日主力機構跳空開高拉出一個大陽線漲停板，突破前高和平台，留下向上突破缺口，形成大陽線漲停 K 線型態，成

149

交量較前一交易日萎縮。

　　此時均線呈多頭排列，MACD、KDJ 等技術指標走強，股價的強勢特徵已經非常明顯，後市快速上漲的機率非常大。這種情況時，投資人可以在當日或次日進場，逢低加倉買進籌碼，待股價出現明顯見頂訊號後再賣出。

　　圖 6-7 是 600338 西藏珠峰 2021 年 9 月 1 日收盤時的分時走勢圖。從分時走勢來看，該股當天向上跳空 1.56% 開盤，股價震盪上行然後快速回落，分時價格線向下穿破上一交易日收盤價，下跌幅度較深，然後拐頭向上，展開大幅震盪走勢。

　　從當天盤面來看，開盤震盪走高，回落跌破昨日收盤價，成交量放大，分時走勢呈大幅震盪走低態勢。明顯是主力機構運用開高、盤中拉高等手法，引誘跟風盤展開出貨，盤面弱勢特徵明

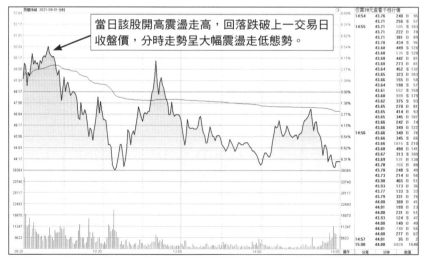

▲ 圖 6-7

顯。手中有籌碼的投資人，可在早盤開盤後股價走高時賣出。

　　圖 6-8 是 600338 西藏珠峰 2021 年 9 月 1 日收盤時的 K 線走勢圖。可以看出，該股 5 月 6 日跳空開高拉出一個放量大陽線漲停板之後（當日股價回檔沒有下破開盤價），主力機構展開震盪盤升行情。2021 年 5 月 20 日個股跳空開高回落，收出一個帶上下影線的陰 K 線，成交量較前一交易日放大 3 倍多，主力機構展開回檔洗盤行情。

　　回檔洗盤的原因，一是股價已有一定的漲幅；二是股價已上漲至前期的密集成交區（2019 年 6、7 月份除權除息後的密集成交區）。主力機構正好趁機展開回檔洗盤，清洗獲利盤，拉高投

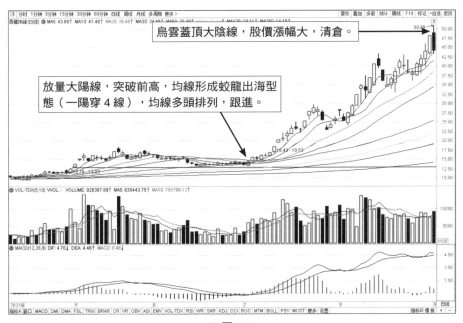

▲ 圖 6-8

資人的進場成本，為後期拉升打基礎。

　　值得投資人注意的是，雖然股價經過一個多月的回檔洗盤，但回檔並沒有回補5月6日的向上跳空開高突破缺口，說明主力機構不想回檔太深，丟失籌碼。同時也說明該股走勢非常強勢，主力機構目標遠大、志存高遠。

　　主力機構回檔洗盤行情展開後，投資人可以逢高先賣出手中籌碼，繼續追蹤觀察，待股價整理到位後再把籌碼接回來。當然，也可繼續持股，看看後面的走勢再作出決策。

　　7月2日主力機構開低收出一根大陽線，突破前高，成交量較前一交易日大幅放大。股價向上突破（穿過）5日、10日、20日和60日均線（一陽穿4線），30日均線在股價上方下行，90日、120日和250日均線在股價下方上行，均線蛟龍出海型態形成。

　　此時，均線呈多頭排列（除20日、30日均線外），MACD、KDJ等技術指標開始走強，股價的強勢特徵已經顯現，後市上漲的機率大，投資人可以在當日或次日逢低進場買進籌碼。此後，主力機構快速向上拉升股價。

　　從主力機構快速向上拉升的情況看，股價依托5日均線逐步上升。期間有過2次較大幅度整理，股價向下跌（刺）破20日均線很快收回，30日均線具有較好的支撐作用，整體上漲走勢還算順暢。股價從7月2日的開盤價13.41元，上漲至9月1日的最高價50.89元，漲幅還是相當可觀的。

　　9月1日個股開高衝高回落，收出一根烏雲蓋頂大陰線（烏

雲蓋頂陰線，是常見的看跌反轉訊號），成交量較前一交易日明顯放大。

此時股價漲幅已經很大，MACD、KDJ 等技術指標開始走弱，盤面的弱勢特徵顯現。投資人如果當天手中還有籌碼沒有出完，次日要逢高清倉。

回檔不破當天「均價線」，個股後續走勢向上

　　當個股 K 線走勢處於上升趨勢中，某一交易日早盤跳空開高，明顯表露出該股的強勢特徵，有主力機構在其中運作。

　　如果個股之前已經有一定的橫盤震盪洗盤和蓄勢過程，某一交易日跳空開高後，分時價格線回檔不破分時均價線，說明主力機構對個股後期走勢已有謀劃並持樂觀態度。同時也反映出主力機構積極做多的意願，有想法、有決心把股價推上去。

　　當分時價格線回落快接近分時均價線時，主力機構就會有買單托盤，保持分時均價線向上運行，預示該股後續走勢向好。這種開高分時盤面的個股，可以作為目標股票的重點選擇。

　　圖 6-9 是 603876 鼎勝新材 2021 年 5 月 31 日收盤時的分時走勢圖。從分時走勢來看，該股當天向上跳空 1.18% 開盤，然後股價依托分時均價線緩慢上行。10:33 上行至 14.84 元，離分時均價線較遠時，股價震盪回落展開橫盤整理行情。13:22 分兩個小波次上衝封漲停板，至收盤漲停板沒被打開。

當日股價回檔、橫盤整理時，都沒有跌破分時均價線，分時價格線始終在分時均價線上方運行。從分時盤面來看，漲停板封板結構較好，盤面強勢特徵比較明顯，做多氛圍較為濃厚，後市可看多做多。投資人如果當天想買進而錯過的，可以在次日擇機進場，逢低買進。

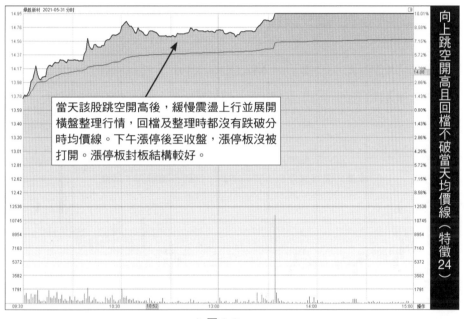

▲ 圖 6-9

圖 6-10 是 603876 鼎勝新材 2021 年 5 月 31 日收盤時的 K 線走勢圖，可以看出，此時股價正處於高位下跌止穩之後的上漲（反彈）走勢中。

股價從前期相對高位 2020 年 2 月 25 日最高價 20.64 元，大

幅震盪下跌，至 2021 年 2 月 8 日最低價 10.72 元止跌。下跌時間較長、跌幅較大，期間有過 2 次反彈，且反彈幅度較大。

2021 年 2 月 8 日止跌後，主力機構快速推升股價，收集籌碼，然後展開橫盤震盪整理行情，洗盤吸籌。K 線走勢呈上升趨勢，小陰小陽、紅多綠少。

5 月 31 日主力機構跳空開高拉出一個大陽線漲停板，突破前高，形成大陽線漲停 K 線型態，成交量較前一交易日放大 2 倍多。

此時均線呈多頭排列，MACD、KDJ 等技術指標開始走強，股價的強勢特徵已經非常明顯，後市快速上漲的機率非常大。這

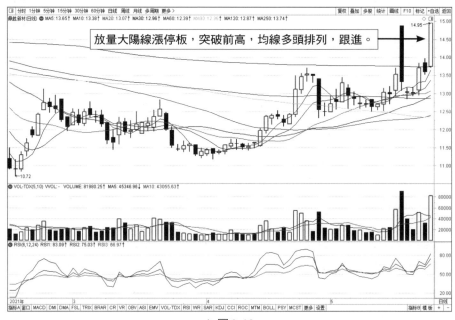

▲ 圖 6-10

種情況時，投資人可以在當日或次日進場，逢低買進籌碼，待股價出現明顯見頂訊號後再賣出。

圖 6-11 是 603876 鼎勝新材 2021 年 6 月 30 日收盤時的分時走勢圖。從分時走勢來看，該股當天跳空開低，股價快速回落，然後在低位展開震盪整理行情。分時價格線纏繞分時均價線上下穿行，波動幅度不大，至收盤跌幅 3.75%，成交量與前一交易日基本上持平。

從當天盤面來看，開盤快速回落，然後展開震盪整理行情，當日總的下跌幅度不大，且成交量與前一交易日基本上持平。說明主力機構已經展開縮量整理洗盤，同時有一部分前期跟進的獲

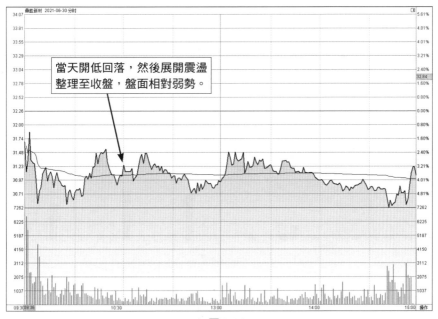

▲ 圖6-11

利盤出逃，整個盤面相對弱勢。投資人應該結合 K 線走勢等情況分析後，再行操盤動作。

圖 6-12 是 603876 鼎勝新材 2021 年 6 月 30 日收盤時的 K 線走勢圖。從 K 線走勢可以看出，該股 5 月 31 日跳空開高拉出一個放量大陽線漲停板之後（當日股價回檔沒有下破均價線），主力機構展開快速拉升拉高行情。至 6 月 29 日共 21 個交易日，拉出 15 根陽線，其中 6 個漲停板，漲幅還是相當大的。

6 月 30 日個股開低，收出一顆陰十字星，成交量與前一交易日基本上持平。理論上來說，相對高位出現十字星，是一種轉向（或見頂）的訊號，透露出主力機構已經展開整理洗盤。

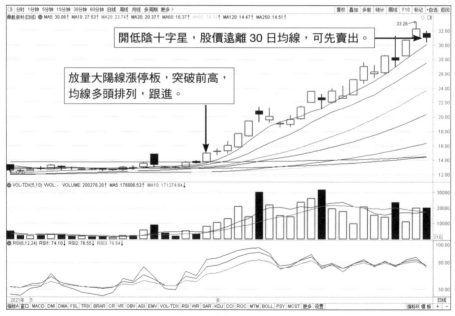

▲ 圖 6-12

　　整理的原因，一是上漲幅度較大，股價遠離 30 日均線；二是股價已拉升至前期的密集成交區（2018 年 6 月 8 日開始下跌的密集成交區）。

　　投資人可以逢高先賣出手中籌碼，繼續追蹤觀察，待股價整理到位後再把籌碼接回來。當然，也可繼續持股，看看後面的走勢再作決策。

Chapter 7

【量價實作課 2】
分時圖的 3 種上漲走勢，
你一定要知道！

　　強勢個股的特徵並不只表現在 K 線型態上，同時還反映在其他技術指標上，尤其展現在盤面分時走勢上。

　　所以，在目標股票的進一步選擇上，除了要分析研究個股的 K 線走勢（型態）及其他技術指標外，還要認真研判盤面分時走勢、成交量和換手率等，結合各種因素，才能更完整掌握強勢個股和盤面。

　　由於分時走勢是最能展現個股強勢特徵的盤面語言，也是投資人在交易時間內盯得最多的盤面，更是投資人進場的重要參考，所以要特別重視。以下分析三種強勢個股分時走勢盤面。

7-1

個股分時開平走高，
至收盤有一定的漲幅

　　個股分時開平走高，指個股 K 線走勢處於上升趨勢中，某日個股開平，開盤之後股價上行。在放大的成交量配合下，分時均價線支撐分時價格線同步上行，股價回檔基本上不破分時均價線，至收盤股價有一定幅度的漲幅。

　　這是種比較強勢的分時盤面，值得投資人重點關注，可以結合其他技術指標快速分析後，作出是否進場的決策。

　　圖 7-1 是 603178 聖龍股份 2021 年 11 月 3 日收盤時的分時走勢圖。從分時走勢看，該股當天開平，在成交量放大的配合下，股價依托分時均價線震盪上行，屬於典型的開平走高狀態。

　　9:47 股價上漲至漲幅 5.3% 左右，依托分時均價線展開橫盤整理行情，股價回檔基本上不破分時均價線，至收盤漲幅5.33%。從分時盤面看，做多氛圍比較濃厚，後市可看多做多。

　　像這種有成交量放大配合、開平走高的個股，投資人可以結合 K 線、均線走勢等指標分析後，確定是否逢低買進。

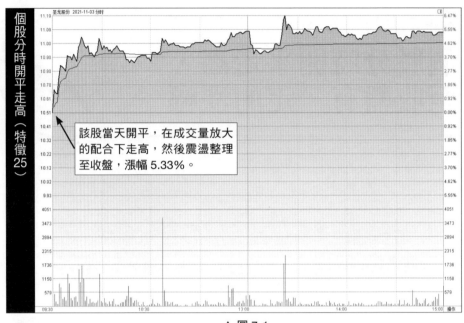

個股分時開平走高（特徵 25）

該股當天開平，在成交量放大的配合下走高，然後震盪整理至收盤，漲幅 5.33%。

▲ 圖 7-1

圖 7-2 是 603178 聖龍股份 2021 年 11 月 3 日收盤時的 K 線走勢圖，可以看出，此時股價正處於高位下跌止穩之後的上漲走勢中。

股價從相對高位 2020 年 7 月 30 日最高價 13.70 元，大幅震盪下跌，至 2021 年 2 月 4 日最低價 7.32 元止跌。下跌時間雖然不是很長、但跌幅較大，下跌期間有 1 次較大幅度的反彈。

2021 年 2 月 4 日止跌後，主力機構快速推升股價，收集籌碼，然後展開大幅震盪盤升（挖坑）洗盤行情。震盪盤升（挖坑）洗盤行情持續 9 個月，主力機構高賣低買、賺取差價，清洗獲利盤，拉高新進場投資人的入場成本，為後期拉升做準備。

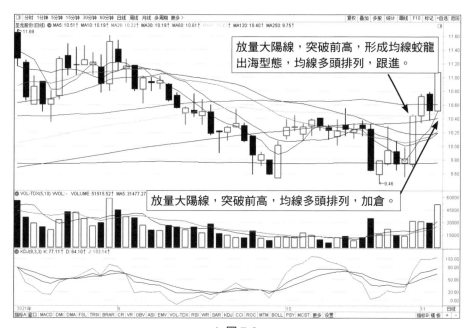

放量大陽線，突破前高，形成均線蛟龍出海型態，均線多頭排列，跟進。

放量大陽線，突破前高，均線多頭排列，加倉。

▲ 圖 7-2

K 線走勢呈上升趨勢，紅多綠少、紅肥綠瘦，期間主力機構拉出 6 個漲停板，主要目的是收集籌碼。

10 月 29 日主力機構開低收出一根大陽線（漲幅 6.42%），突破前高，成交量較前一交易日放大 2 倍多。股價向上突破 5 日、10 日、20 日、30 日、90 日、120 日和 250 日均線（一陽穿 7 線），60 日均線在股價上方上行，均線蛟龍出海型態形成。

此時均線呈多頭排列（除 30 日均線外），MACD、KDJ 等技術指標開始走強，股價的強勢特徵已經顯現，後市快速上漲的機率較大。這種情況時，投資人可以在當日或次日進場，逢低買進籌碼。

　　11 月 3 日主力機構開平收出一根大陽線（漲幅 5.33%），突破前高和平台，成交量較前一交易日明顯放大。

　　此時，均線呈多頭排列，MACD、KDJ 等技術指標走強，股價的強勢特徵已經非常明顯，後市快速上漲的機率非常大。這種情況時，投資人可以在當日或次日逢低進場，加倉買進籌碼，待股價出現明顯見頂訊號後再賣出。

　　圖 7-3 是 603178 聖龍股份 2021 年 11 月 24 日收盤時的分時走勢圖。從分時走勢來看，該股當天向上跳空開高，股價急速衝高然後回落，成交量迅速放大，分時價格線向下穿破分時均價線和前一交易日收盤價。

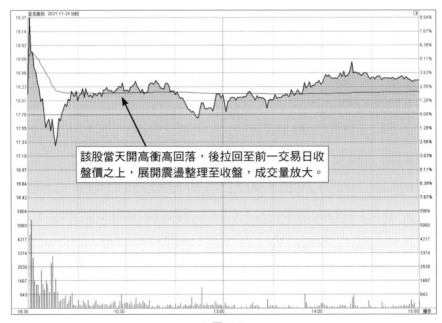

該股當天開高衝高回落，後拉回至前一交易日收盤價之上，展開震盪整理至收盤，成交量放大。

▲ 圖 7-3

　　下跌至 17.20 元左右拐頭上行，與分時均價線纏繞上下穿行、展開震盪整理行情，波動幅度不大，至收盤漲幅 3.09%，成交量較前一交易日放大。

　　從當日盤面來看，個股開高衝高然後快速回落，股價跌破分時均價線和前一交易日收盤價，下跌幅度較深，期間應該有不少前期進場的獲利盤出逃。之後拉回前一交易日收盤價之上，展開震盪整理至收盤，主力機構經由震盪整理又賣出不少籌碼。

　　當日分時衝高回落的走勢，加上成交量較前一交易日進一步放大，顯示個股整理下跌行情已經展開。這種情況時，投資人可以結合 K 線走勢及其他技術指標分析，果斷作出決策。

　　圖 7-4 是 603178 聖龍股份 2021 年 11 月 24 日收盤時的 K 線走勢圖。從 K 線走勢可以看出，該股 11 月 3 日開平收出一根放量大陽線，突破前高和平台之後，主力機構展開一波較平穩的向上拉升拉高行情。

　　從個股上漲的情況看，主力機構採取盤中洗盤的操盤手法，依托 5 日均線平緩向上推升股價，期間沒有較大的整理，整體上升走勢穩健順暢。股價從 11 月 3 日的開盤價 10.51 元，上漲至 11 月 24 日的最高價 19.56 元，漲幅還是比較大的。

　　11 月 24 日主力機構開高，收出一根實體較小帶長上下影線的螺旋槳陽 K 線（高位螺旋槳 K 線，又稱變盤線或轉勢線）。成交量較前一交易日放大，明顯是主力機構利用開高、盤中拉高引誘跟風盤震盪出貨。

　　此時，股價遠離 30 日均線且漲幅較大，KDJ 等部分技術指

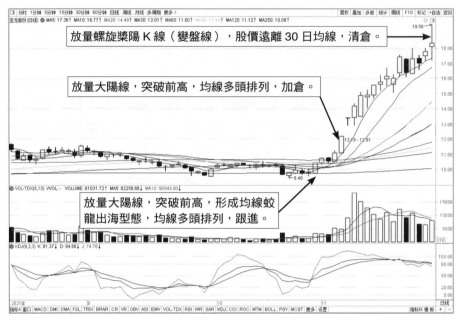

▲ 圖 7-4

標已經走弱,盤面的弱勢特徵已經顯現。投資人如果當天手中籌碼沒有出完,次日應該逢高清倉。

7-2
分時線橫盤整理時間越久，股價上漲幅度越大

　　個股分時開平橫盤整理（震盪）是指，處於上升趨勢中的個股，某日開平後，分時價格線纏繞（或圍繞）分時均價線展開小幅度上下波動整理洗盤，橫盤整理（震盪）調整洗盤若干時間後選擇突破方向。

　　橫盤整理（震盪）型態的出現，表示主力機構控盤程度較高，較能控制個股股價的漲跌。一般情況下，分時線橫盤整理（震盪）的時間越久，後面股價上漲的幅度就會越大。

　　投資人發現某支個股開平後，分時線出現橫盤整理（震盪）型態，可及時追蹤關注，並結合其他技術指標分析，來決定是否進場買進。

　　圖 7-5 是 600137 浪莎股份 2021 年 5 月 19 日收盤時的分時走勢圖。從分時走勢來看，該股當天開平回落，然後在前一交易日收盤價下方展開橫盤整理行情，分時價格線纏繞（或圍繞）分時均價線，展開小幅上下波動整理洗盤。

　　橫盤整理洗盤至 10:40 左右，股價再上一個台階，至前一交易日收盤價上方展開橫盤整理洗盤行情。11:17 股價突然上衝、兩個波次封漲停板，至收盤漲停板沒有打開。

　　從分時盤面來看，股價圍繞分時均價線展開橫盤震盪時，成交量呈萎縮狀態。突然上衝封漲停板時，成交量急速放大。整體分時走勢乾淨流暢、乾脆俐落，漲停板封板結構較好，強勢特徵較明顯，做多氛圍較為濃厚，短線可看多做多。

　　在股價展開第二級台階橫盤整理時，投資人就可以結合 K 線、均線走勢等其他技術指標，來判斷是否進場。

　　圖 7-6 是 600137 浪莎股份 2021 年 5 月 19 日收盤時的 K 線走勢圖，可以看出，此時股價正處於相對高位下跌止穩之後的上漲（反彈）走勢中。股價從前期相對高位 2020 年 7 月 14 日最高價

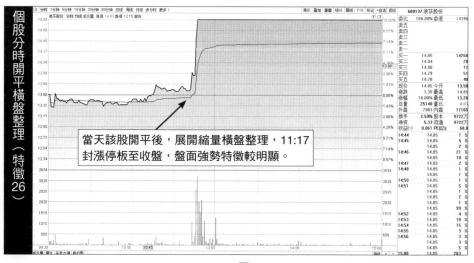

▲ 圖 7-5

20.35 元，一路震盪下跌，至 2021 年 1 月 14 日最低價 11.44 元止跌。下跌時間雖然不是很長、但跌幅較大。

2021 年 1 月 14 日止跌後，主力機構快速推升股價，收集籌碼，接著展開震盪盤升行情。K 線走勢呈上升趨勢，紅多綠少、紅肥綠瘦，主要目的是收集籌碼。

3 月 29 日，個股開低回落，收出一個帶下影線的大陰線，成交量較前一交易日萎縮，主力機構展開回檔洗盤行情。回檔洗盤行情展開後，投資人可以逢高先賣出手中籌碼，繼續追蹤觀察，待股價整理到位後再把籌碼接回來。當然也可繼續持股，看看之後的走勢再作出決策。

5 月 18 日，主力機構開低收出一根大陽線，突破前高，成交量較前一交易日明顯放大。股價向上突破（穿過）5 日、10 日、

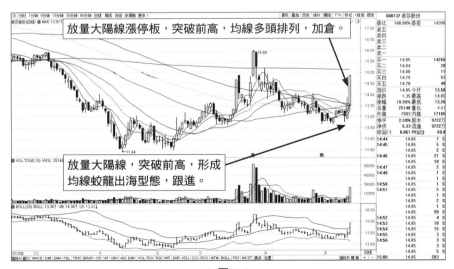

▲ 圖 7-6

20日、60日、90日和250日均線（一陽穿6線），30日、120日均線在股價上方下行，均線蛟龍出海型態形成，預示回檔洗盤行情結束。

此時均線系統較弱，但 MACD、KDJ 等技術指標開始走強，股價的強勢特徵已經顯現，後市上漲的機率較大。這種情況時，投資人可以在當日或次日進場，逢低買進籌碼。

5月19日主力機構開平拉出一個大陽線漲停板，突破前高，形成大陽線漲停 K 線型態，成交量較前一交易日放大2倍多。均線呈多頭排列（除120日均線外），MACD、KDJ 等技術指標開始走強，股價的強勢特徵已經非常明顯，後市快速上漲的機率非常大。投資人可以在當日或次日逢低進場，加倉買進籌碼。

圖 7-7 是 600137 浪莎股份 2021 年 5 月 20 日收盤時的分時走勢圖。從分時走勢來看，該股承繼前一天的強勢，漲停開盤。10:30 漲停板被大賣單打開，10:35 封回漲停；10:50 漲停板再次被大賣單打開，10:51 封回漲停板，至收盤沒再打開。

從當天的盤面看，漲停期間兩次被大賣單打開，都被迅速封回，漲停板封板結構還是比較好的，分時盤面強勢特徵較明顯，短期仍可看好。

但由於成交量的極劇放大，且已收出兩個漲停板，後期走勢的不穩定性和不確定性明顯增加。這種情況時，在後期行情中，投資人要注意盯盤，發現情況不對立馬出場，落袋為安。

圖 7-8 是 600137 浪莎股份 2021 年 5 月 20 日收盤時的 K 線走勢圖。從 K 線走勢可以看出，前一交易日主力機構拉出一個放量

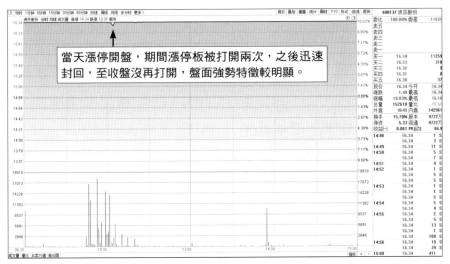

▲ 圖 7-7

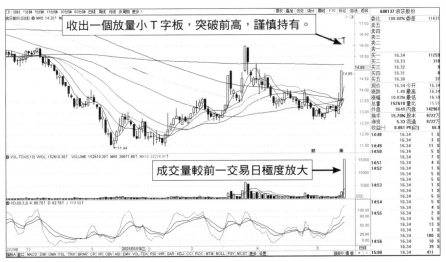

▲ 圖 7-8

大陽線漲停板。

當日該股漲停開盤，收出一個小 T 字板，股價突破前期高點，留下向上跳空缺口，形成 T 字漲停 K 線型態。成交量較前一日放大 6 倍多（換手率達到 15.70%），均線呈多頭排列，強勢特徵明顯，短期可繼續看好。

但從當日極度放大的成交量來看，不排除主力機構已經賣出部分籌碼。因為從 K 線走勢可以看出，這次行情應該還是該股從高位下跌止穩、大幅橫盤震盪過程中的一次反彈。

這種情況時，手中有籌碼的投資人一定要注意盯盤，發現走勢不妙或出現明顯見頂訊號，應立即賣出。

7-3
分時開低走高兩種情況，都預示後市短期看好

　　股價分時開低走高，是指個股低於上一交易日收盤價開盤後，股價反轉向上（或回落後拐頭向上或短暫整理後拐頭向上）走高，至收盤有一定幅度的漲幅。作為強勢股的強勢盤面分時開低走高，一般有以下兩種情況。

　　一是個股股價脫離底部區域，處於上升趨勢或拉升初期，出現開低走高，多數是前期進場的獲利盤減倉賣出。

　　作為強勢股的開低走高，正是投資人進場的好時機。如某一交易日個股開低走高，分時價格線依托分時均價線同步上行，表示主力機構開始主動拉升股價。

　　如果盤中有成交量放大的配合，換手率較高，則說明主力機構大舉拉抬股價。如果盤中股價縮量上行，則表示主力機構籌碼鎖定較好，控盤程度較高。

　　這兩種情況都預示個股後市短期可看好，投資人操盤時要多留意，甄選類似個股加入自選股追蹤，以便擇機進場買進。

　　圖 7-9 是 300432 富臨精工 2021 年 5 月 19 日收盤時的分時走勢圖。從當日的分時走勢來看，該股早盤開低後，成交量逐漸放大，股價依托分時均價線震盪上行。

　　股價每次盤中回檔，分時價格線都沒有下破分時均價線，分時均價線有支撐助漲作用。整體分時走勢向上運行，不急不緩、流暢乾淨，直至收盤。

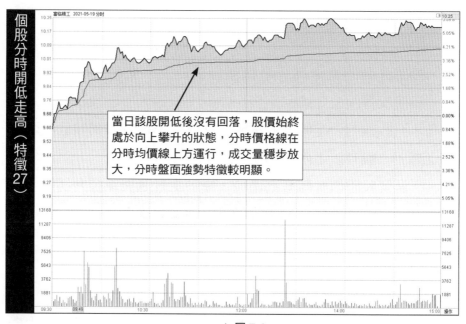

當日該股開低後沒有回落，股價始終處於向上攀升的狀態，分時價格線在分時均價線上方運行，成交量穩步放大，分時盤面強勢特徵較明顯。

個股分時開低走高（特徵 27）

▲ 圖 7-9

　　從當天的盤面來看，開低後沒有回落，股價始終處於向上攀升的狀態，分時價格線始終在分時均價線上方運行，成交量穩步放大，分時盤面強勢特徵比較明顯，做多氛圍濃厚。這種情況

時，投資人可以結合 K 線、均線走勢等其他技術指標，快速分析後決定是否進場。

　　圖 7-10 是 300432 富臨精工 2021 年 5 月 19 日收盤時的 K 線走勢圖。可以看出，此時股價正處於相對高位下跌整理洗盤止跌之後的上漲走勢中。

　　股價從前期相對高位 2020 年 1 月 3 日最高價 14.90 元，下跌整理（震盪下跌）洗盤，至 2020 年 7 月 2 日最低價 8.06 元止跌。

　　下跌整理時間雖然不是很長、但整理幅度較大。期間有過 2 次反彈，且反彈幅度較大。

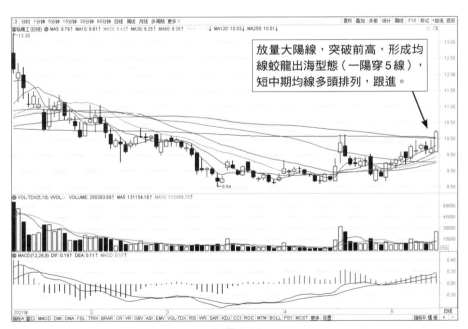

放量大陽線，突破前高，形成均線蛟龍出海型態（一陽穿 5 線），短中期均線多頭排列，跟進。

▲ 圖 7-10

2020 年 7 月 2 日下跌整理洗盤結束後，主力機構快速推升股價，收集籌碼，接著展開大幅震盪盤升（挖坑洗盤）行情。震盪盤升（挖坑）行情持續 10 個多月，主力機構採取高賣低買與洗盤吸籌並舉的操盤手法，賺取差價、清洗獲利盤，拉高新進場投資人的入場成本，為後期拉升做準備。

2021 年 5 月 19 日，主力機構開低收出一根大陽線，突破前高，成交量較前一交易日放大近 3 倍。股價突破（向上穿過）5日、10 日、90 日、120 日和 250 日均線（一陽穿 5 線），20 日、30 日、60 日均線在股價下方向上移動，均線蛟龍出海型態形成。

此時，短中期均線呈多頭排列，MACD、KDJ 等技術指標開始走強，股價的強勢特徵已經顯現，後市上漲的機率較大。這種情況時，投資人可以在當日或次日進場，逢低買進籌碼。

圖 7-11 是 300432 富臨精工 2021 年 9 月 6 日收盤時的分時走勢圖。從分時走勢來看，該股當天向上跳空 0.85% 開盤，股價略作盤整，然後快速回落，分時價格線向下穿破分時均價線和前一交易日收盤價，成交量迅速放大。

下跌至 37.54 元左右，分時價格線拐頭上行，與分時均價線纏繞上下穿行、展開橫盤震盪整理行情，震盪整理期間波動幅度不大，至收盤跌幅 5.18%。

從當日盤面來看，股價開高震盪回落，跌破分時均價線和前一交易日收盤價，下跌幅度較深，這期間應該有不少獲利盤出逃。之後股價拐頭上行，與分時均價線纏繞上下穿行，展開橫盤震盪整理至收盤，主力機構經由震盪整理又賣出不少籌碼。

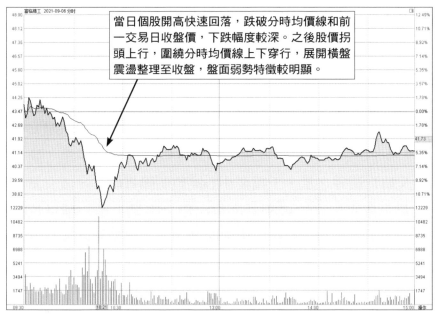

當日個股開高快速回落，跌破分時均價線和前一交易日收盤價，下跌幅度較深。之後股價拐頭上行，圍繞分時均價線上下穿行，展開橫盤震盪整理至收盤，盤面弱勢特徵較明顯。

▲ 圖 7-11

　　從當日分時走勢來看，分時盤面弱勢特徵比較明顯。這種情況時，投資人可以結合 K 線走勢等情況，全面分析後果斷作出決策。

　　圖 7-12 是 300432 富臨精工 2021 年 9 月 6 日收盤時的 K 線走勢圖。從 K 線走勢可以看出，該股 5 月 19 日開低收出一根放量大陽線、形成均線蛟龍出海型態之後，主力機構展開加速上漲行情。

　　從個股上漲的情況來看，主力機構前期主要採取台階式推升的操盤手法，依托 20 日均線穩步向上推升股價。操盤目的主要是經由台階整理洗盤吸籌，清洗獲利盤，拉高新進場投資人的入

場成本，為後面的拉升和出貨做準備。

　　主力機構展開台階整理洗盤的過程中，投資人可以在每次大陽線突破當日逢低進場，或在台階震盪整理洗盤時逢低介入，然後持股待漲，整體上升走勢穩健順暢。股價從 5 月 19 日的開盤價 9.59 元一路上漲，至 9 月 2 日的收盤價 43.58 元，漲幅巨大。

　　9 月 3 日個股開低，收出一顆高位假陽真陰十字星（高位十字星又稱為黃昏之星，千萬要小心高位假陽真陰），成交量與前一交易日持平。高位或相對高位出現十字星，是一種見頂的訊號，透露出該股主力機構已經展開整理。這種情況時，投資人可以在當日或次日，逢高賣出手中籌碼。

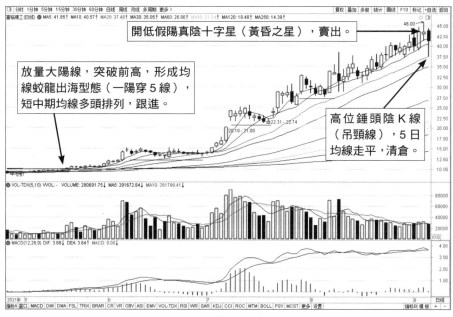

▲ 圖 7-12

9 月 6 日個股開高回落，收出一根高位錘頭陰 K 線（高位錘頭線又稱為吊頸線），成交量較前一交易日萎縮。此時，5 日均線走平，MACD、KDJ 等其他技術指標已經走弱，盤面弱勢特徵已經顯現。這種情況時，投資人如果手中還有該股籌碼，次日應逢高清倉。

二是個股股價處於高位或拉升的末期，當天開盤分時開低走高，表示主力機構利用早盤及開盤後，減倉賣出部分籌碼，然後經由拉高股價引誘跟風盤，展開高位出貨。既可以邊拉邊出，又可以拉出利潤空間，為後面繼續出貨做鋪墊，這種個股，投資人最好別選擇跟進。

圖 7-13 是 600196 復星醫藥 2021 年 5 月 14 日收盤時的分時走勢圖。該股當天開低後回落，分時價格線形成 W 字型態後一路震盪上行。13:23 封漲停板，13:25 漲停板被大賣單打開，瞬間封漲停板；13:31 漲停板再次被打開，然後股價一路平緩震盪回落，收盤漲幅 5.70%。

從當天分時走勢看，漲停板兩次被打開，回落時放量，應該是部分獲利盤及前期套牢盤減倉賣出，分時盤面弱勢特徵已經顯現。這種情況時，手中有籌碼且已獲利的投資人，當天沒有賣出的，可在下一交易日逢高先賣出，然後繼續追蹤觀察。

圖 7-14 是 600196 復星醫藥 2021 年 5 月 14 日收盤時的 K 線走勢圖，可以看出，股價處於上升趨勢中。該股 2020 年 8 月 6 日前有過一波較大幅度的上漲，此時是前一波上漲行情的延續。

該股當日開低，收出一根螺旋槳陽 K 線，收盤漲幅 5.70%，

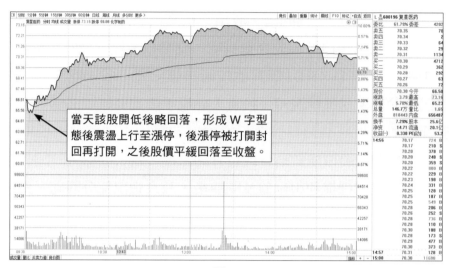

當天該股開低後略回落，形成 W 字型態後震盪上行至漲停，後漲停被打開封回再打開，之後股價平緩回落至收盤。

▲ 圖 7-13

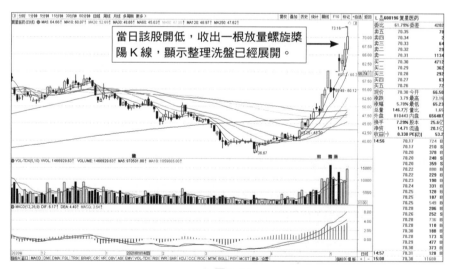

當日該股開低，收出一根放量螺旋槳陽 K 線，顯示整理洗盤已經展開。

▲ 圖 7-14

成交量較前一交易日明顯放大，顯示主力機構已經展開整理。整理的主要原因是，股價已經上漲至前期高位下跌成交密集區，且股價也有一定的漲幅，展開整理（下跌）洗盤也屬正常。

且不管主力機構是小幅整理，還是深度下跌整理，這種情況時，投資人最好在當日或次日，逢高先賣出手中籌碼，落袋為安，然後再繼續追蹤觀察。

圖 7-15 是 600196 復星醫藥 2021 年 6 月 22 日收盤時的分時走勢圖。從分時走勢看，該股當天開高略回落後，即圍繞前一交易日收盤價展開橫盤整理行情。下午開盤後，股價快速衝高，成交量同步放大，隨後展開高位橫盤整理至收盤，當日漲幅 6.71%。

從分時盤面來看，股價圍繞前一交易日收盤價展開橫盤整理時，成交量呈萎縮狀態，下午快速衝高時，成交量急速放大。整

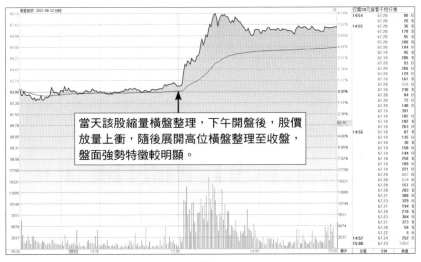

當天該股縮量橫盤整理，下午開盤後，股價放量上衝，隨後展開高位橫盤整理至收盤，盤面強勢特徵較明顯。

▲ 圖 7-15

體分時走勢乾淨俐落，分時盤面強勢特徵較明顯，做多氛圍較為濃厚，短線可看多做多。

下午開盤後，股價快速衝高時，投資人可結合 K 線、均線走勢等其他技術指標，快速分析後決定是否進場，逢低買進籌碼。

圖 7-16 是 600196 復星醫藥 2021 年 6 月 22 日收盤時的 K 線走勢圖。從 K 線趨勢看，該股從 5 月 14 日展開回檔洗盤，已有 26 個交易日，浮籌清洗較徹底，洗盤較到位。

6 月 22 日主力機構開高收出一根大陽線，突破前高，成交量較前一交易日放大 2 倍多。股價突破（向上穿過）5 日、10 日、20 日、30 日均線（一陽穿 4 線），60 日、90 日、120 日均

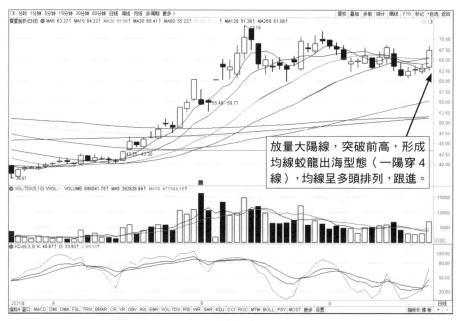

放量大陽線，突破前高，形成均線蛟龍出海型態（一陽穿 4 線），均線呈多頭排列，跟進。

▲ 圖 7-16

線在股價下方向上運行，均線蛟龍出海型態形成。

此時，均線呈多頭排列，MACD、KDJ 等技術指標開始走強，股價的強勢特徵已經顯現，後市上漲的機率大。這種情況時，投資人可以在當日或次日進場，逢低買進籌碼，待股價出現明顯見頂訊號後再賣出。

Chapter 8

【量價實作課 3】
盯緊放大量的個股，
3 支漲停賺一波！

　　從本質上來說，成交量是股價變化的內在動力，其變化必定
會在股價上反映出主力機構的操盤意圖和目的，所謂「量為價
先」，說的就是這個道理。

　　雖然主力機構在成交量上也能做假，但成交量仍是技術指標
中最客觀的分析要素之一。由於主力機構謀劃運作的原因，個股
走勢在不同時間節點或不同階段，會不同程度表現出縮量、放
量、堆量和不規則放縮量等量能特點。這些不同的量能特點，在
個股不同的運行階段，發揮著不同作用。

　　比如縮量，個股下跌縮量到一定程度，就可能出現反轉；同
樣地，上漲縮量，說明主力機構籌碼鎖定較好、控盤程度較高，
後續還有上升空間。

　　本章主要介紹四種不同階段放量個股盤面的選擇，並配合實
例讓讀者更容易了解。

8-1
個股開盤放量，
紅色量柱逐步走高

　　強勢盤面個股開盤放量，是指目標股票開盤之後成交量迅速放大。盤面下方的分時成交量量柱，尤其是紅色量柱逐步走高，分時價格線依托分時均價線同步向上運行。個股開盤後股價在極短的時間內放量衝高，一般來說有兩方面原因。

　　一是個股即將有利多消息發佈，知道內幕消息的投資人（以主力機構為主）開盤後搶先買入，成交量放大，但個股後續上漲能否持續則很難說。

　　二是主力機構操盤目的明確，有計劃拉升股價，成交量放大。從 K 線走勢來看，如果個股股價經過較長時間的下跌整理後止跌，完成築底且底部不斷抬高，或經過較長時間的震盪橫盤洗盤（此前出現過漲停板更好），K 線走勢已處於上升趨勢。

　　若某交易日出現開盤放量且股價同步走高，這種開盤放量肯定是主力機構所為，目的是拉升股價，投資人可以尋機進場。

　　圖 8-1 是 300351 永貴電器 2021 年 11 月 1 日收盤時的分時走

勢圖。從分時走勢來看，該股當天開高後，成交量迅速放大，股價依托分時均價線急速上衝。上衝至 10.36 元左右拐頭下行，與分時均價線纏繞（後平行）運行、展開橫盤震盪整理洗盤行情，震盪整理洗盤期間股價波動幅度不大。

從當天的分時盤面看，個股開高後成交量迅速放大，股價急速上漲。隨著量能萎縮股價拐頭下行，之後依托分時均價線展開橫盤震盪整理洗盤行情，震盪整理洗盤期間成交量呈萎縮狀態。

臨近收盤，成交量放大、尾盤抬高，整個分時盤面強勢特徵比較明顯，做多氛圍濃厚。這種情況時，投資人可以結合 K 線、均線走勢等其他技術指標分析後，決定是否逢低買進。

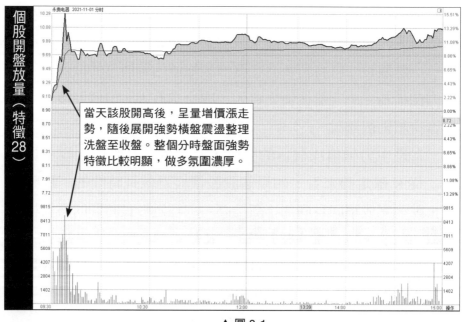

個股開盤放量（特徵28）

當天該股開高後，呈量增價漲走勢，隨後展開強勢橫盤震盪整理洗盤至收盤。整個分時盤面強勢特徵比較明顯，做多氛圍濃厚。

▲ 圖 8-1

　　圖 8-2 是 300351 永貴電器 2021 年 11 月 1 日收盤時的 K 線走勢圖，可以看出，此時股價正處於前期高位下跌整理洗盤止跌之後的上漲走勢中。

　　股價從前期相對高位 2020 年 8 月 20 日最高價 13.40 元，一路震盪下跌，至 2021 年 2 月 5 日最低價 7.74 元止跌。下跌時間雖然不是很長但跌幅較大，下跌期間有過 1 次較大幅度的反彈。

　　2021 年 2 月 5 日止跌後，主力機構快速推升股價，收集籌碼，然後展開大幅震盪盤升（挖坑）洗盤行情。震盪盤升（挖坑）洗盤行情持續 9 個月，主力機構採取高賣低買與洗盤吸籌並舉的操盤手法，賺取差價、清洗獲利盤，為後期拉升做準備。

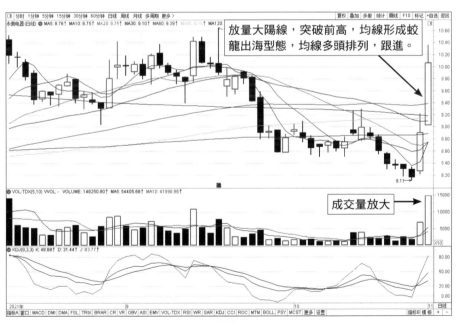

▲ 圖 8-2

2021 年 11 月 1 日，主力機構開高收出一根大陽線（漲幅 13.03%），突破前高（坑沿），成交量較前一交易日放大 2 倍多。股價向上突破（穿過）30 日、60 日、90 日和 250 日均線（一陽穿 4 線），5 日、10 日、20 日和 120 日均線在股價下方向上運行，均線蛟龍出海型態形成。

此時，均線呈多頭排列（除 250 日均線外），MACD、KDJ 等技術指標開始走強，股價的強勢特徵已經顯現，後市上漲的機率大，投資人可以在當日或次日進場，逢低買進籌碼。

圖 8-3 是 300351 永貴電器 2021 年 12 月 6 日收盤時的分時走勢圖。該股當天開平急速衝高，然後快速回落，分時價格線向下

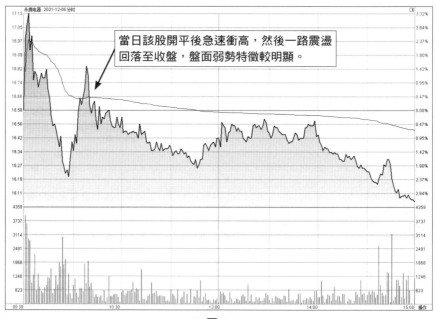

▲ 圖 8-3

穿破分時均價線和前一交易日收盤價，成交量迅速放大。

股價下跌至 16.19 元左右附近拐頭上行，向上穿過前一交易日收盤價和分時均價線後，一路震盪回落至收盤，當日跌幅 3.14%。從當日分時盤面看，股價開平急速衝高後快速回落，期間應該有不少前期進場的獲利盤出逃。下跌至 16.19 元（跌幅 2.37%）左右後拐頭上行，向上穿過前一交易日收盤價和分時均價線，然後一路震盪回落至收盤。

股價盤中下跌幅度較深，反彈乏力，一路震盪走低，幾乎當日最低價收盤。可見盤面弱勢特徵比較明顯，透露出主力機構已經展開下跌整理，投資人要結合 K 線、均線走勢等其他技術指標，分析後果斷作出決策。

圖 8-4 是 300351 永貴電器 2021 年 12 月 6 日收盤時的 K 線走勢圖。從 K 線走勢可以看出，該股 11 月 1 日開高收出一根放量大陽線、形成均線蛟龍出海型態後，主力機構又強勢整理了 4 個交易日，整理期間正是投資人進場的好時機。

11 月 8 日起主力機構展開快速上漲行情，從開盤價 10.18 元一路上漲，至 12 月 2 日的最高價 17.38 元，漲幅還是相當不錯的。

12 月 3 日個股開低衝高回落，收出一顆高位假陽真陰十字星（高位十字星又稱黃昏之星，千萬小心高位假陽真陰），成交量較前一交易日萎縮。

高位或相對高位出現十字星，是一種見頂訊號，透露出該股主力機構已經展開整理，投資人可以在當日或次日，逢高賣出手中籌碼。

12 月 6 日個股開平，收出一根倒錘頭陰 K 線（高位倒錘頭 K 線，又稱射擊之星或流星線，是一種見頂訊號），成交量與前一交易日持平，明顯是主力機構利用盤中拉高吸引跟風盤出貨。

此時 5 日均線走平，MACD、KDJ 等其他技術指標開始走弱，盤面的弱勢特徵已經顯現，投資人當天手中如果還有籌碼沒有出完，次日應該逢高清倉。

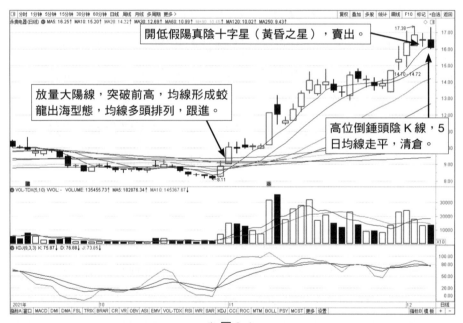

▲ 圖 8-4

8-2

個股突破放量，投資人要抓緊回檔點位

　　這裡講的突破是指「個股 K 線走勢上的突破前高或平台」，放量則是「當天突破前高時分時盤面走勢底部成交量（量柱）的放大」，展現在 K 線走勢上為當日 K 線下方紅色量柱的放大。

　　個股止跌後的上漲是緩慢曲折的，在上升趨勢中形成的每一個高點或震盪整理平台，都會成為股價回檔後再次上漲時的阻力。如果股價能夠突破這些前期高點或平台，則這些前期高點或平台，就會成為股價上漲之後的一個個支撐點。

　　尤其是放量漲停突破前高或平台，顯示出市場多頭力量的強大，預示股價後市繼續上漲的可能性極大。

　　有的個股主力機構籌碼鎖定較好，控盤比較到位，稍微放量就能輕鬆突破前高或平台；有的個股主力機構籌碼集中度不夠高，則要經由放量來突破前高。

　　投資人追蹤目標股票時，要善於發掘那些處於上升趨勢，蓄勢準備突破前高的個股。若盤面分時出現放量上攻，應及時判斷

是否進場。要注意的是，一般情況下 K 線走勢上突破前高後，股價大多會回檔整理或回測突破位置，投資人要注意回檔點位。

其實，回檔也是很好的進場機會，如果沒有在放量上漲突破時及時跟進，可以在突破之後的整理或回測位置擇機跟進，獲利的可能性還大一點。

圖 8-5 是 300584 海辰藥業 2021 年 12 月 27 日午收盤時的分時走勢圖。從分時走勢來看，該股當天略開高後，股價持續穩步小幅震盪盤升。13:56 盤中開始放大量，股價急速上漲，對應 K 線走勢就是突破前高放量。

從當天的分時盤面來看，分時價格線在分時均價線上方穩步

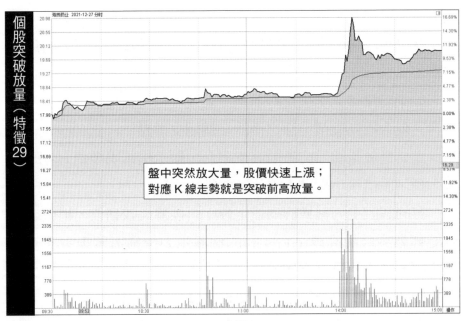

▲ 圖 8-5

運行，股價快速向上突破時成交量迅速放大，買盤活躍，做多氛圍濃厚。整個分時盤面強勢特徵比較明顯，短期可看多做多。

投資人在操盤過程中，如果看到某個股分時盤面突然放量、股價快速上衝，就可以打開該股的 K 線走勢圖及時分析判斷，看是否突破前高或平台，再決定是否進場買進。

圖 8-6 是 300584 海辰藥業 2021 年 12 月 27 日收盤時的 K 線走勢圖，可以看出，此時股價正處於高位下跌整理洗盤止跌之後的上漲走勢中。股價從前期最高位 2018 年 4 月 4 日的最高價 69.90 元一路震盪下跌，至 2021 年 10 月 28 日最低價 14.93 元止跌。下跌時間長、跌幅大，期間有多次反彈，且反彈幅度大。

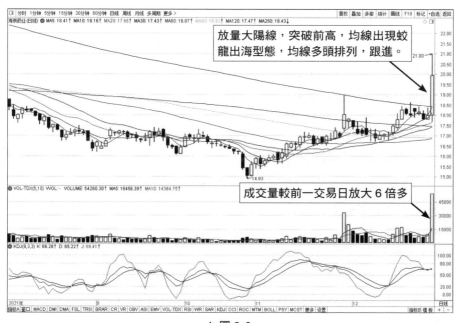

▲ 圖 8-6

　　2021 年 10 月 28 日止跌後，主力機構展開震盪盤升行情，收集籌碼。K 線走勢紅多綠少，紅肥綠瘦，11 月 29 日主力機構有過一次試盤。

　　12 月 27 日主力機構開高收出一根大陽線，突破前高，成交量較前一交易日放大 6 倍多。股價突破 5 日、10 日和 250 日均線（一陽穿 3 線），20 日、30 日、60 日、90 日和 120 日均線在股價下方向上移動，均線蛟龍出海型態形成。

　　此時均線呈多頭排列（除 250 日均線外），MACD、KDJ 等技術指標開始走強，股價的強勢特徵已經顯現，後市上漲機率大。投資人可以在當日或次日進場，逢低買進籌碼。

　　圖 8-7 是 300584 海辰藥業 2022 年 3 月 4 日收盤時的分時走勢圖。從分時走勢來看，該股當天開低後股價急速衝高，然後震盪回落，分時價格線向下穿破分時均價線後，股價繼續震盪回落至收盤，當日漲幅 1.64%。

　　從當日分時盤面看，股價開低急速衝高後震盪回落，成交量迅速放大，期間應該有不少前期進場的獲利盤出逃。分時價格線向下穿破分時均價線後，股價持續在分時均價線下方震盪回落至收盤。當日股價從開盤衝至最高價 78.95 元左右，然後一路震盪下跌至收盤價 70.03 元，一上一下差價很大。

　　可見盤面弱勢特徵還是比較明顯的，透露出主力機構開盤後，利用拉高吸引跟風盤，展開高位震盪出貨的跡象。

　　圖 8-8 是 300584 海辰藥業 2022 年 3 月 4 日收盤時的 K 線走勢圖。可以看出，該股 12 月 27 日收出一根放量大陽線、突破前

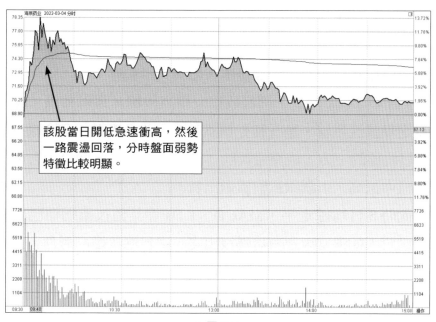

該股當日開低急速衝高，然後一路震盪回落，分時盤面弱勢特徵比較明顯。

▲ 圖 8-7

高，形成均線蛟龍出海型態之後，主力機構展開加速上漲行情。

從該股的上漲走勢看，主力機構依托 10 日均線向上推升股價。上漲過程中，展開過 2 次較大幅度的回檔洗盤，股價多次向下跌（刺）破 10 日均線很快收回，20 日均線具有較好的支撐和助漲作用，整體上漲走勢還算順暢。

股價從 12 月 27 日的開盤價 18.00 元一路上漲，至 2022 年 2 月 23 日的最高價 69.13 元，漲幅非常可觀。

2022 年 2 月 24 日個股開高衝高回落，收出一顆陰十字星，成交量較前一交易日放大。此後股價展開高位整理，連續收出十字星。3 月 3 日個股開低衝高回落，收出一根高位倒錘頭陽 K 線

（高位倒錘頭 K 線，又稱射擊之星或流星線）。加上前幾個交易日高位整理收出的十字星，所謂久盤必跌，此時應該小心。投資人可以在當日或次日逢高賣出，繼續追蹤觀察。

3 月 4 日個股開低，再次收出一根高位倒錘頭陽 K 線（又稱射擊之星或流星線，是一種見頂訊號）。股價跌破 5 日均線且收在 5 日均線的下方，成交量與前一交易日持平，明顯是主力機構利用盤中拉高，引誘跟風盤震盪出貨。

此時 5 日均線走平，MACD、KDJ 等其他技術指標已經走弱，投資人如果當天還有籌碼沒出完，次日應該逢高清倉。

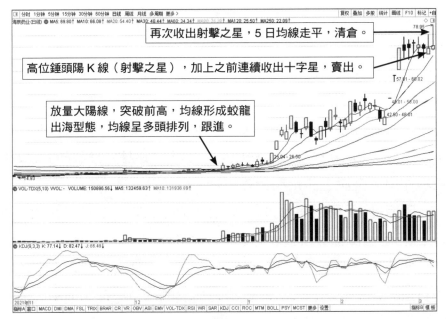

▲ 圖 8-8

8-3
個股尾盤放量，主力已經
完成築底和建倉

　　個股分時盤面尾盤放量情況比較複雜，**最重要的一點，就是要清楚個股放量時股價在 K 線走勢上所處的位置。**

　　有的個股在高位出現尾盤放量拉升，這是比較危險的訊號。該股或許還會再創新高，但實質上是主力機構已經在引誘跟風盤出貨，同時也在邊拉邊出，投資人要特別小心。有的個股在低位出現尾盤放量拉升，極有可能是主力機構在試盤或吸籌建倉。以上兩種情況，都不是我們要探討的範圍。

　　這裡要探討的，是強勢股之強勢盤面尾盤放量的問題。此類強勢盤面尾盤放量的個股，在 K 線走勢上一般表現為，主力機構已經完成築底和建倉，個股股價已經走出底部且底部逐漸抬高，甚至完成初期上漲行情、正在展開回檔或橫盤震盪洗盤行情（此前拉出過漲停板的個股，後期走勢將更加強勢）。

　　某個交易日該股分時盤面出現尾盤放量拉升，投資人可以積極進場買進。此類個股次日一般都會開高，甚至漲停，但要注意

防範主力機構放量拉升致利潤空間出來後，可能出現的回檔。

　　圖 8-9 是 000929 蘭州黃河 2021 年 5 月 13 日收盤時的分時走勢圖。從分時走勢來看，該股當天開高後，股價展開持續小幅橫盤震盪，走勢比較平穩。

　　14:00 盤中突然放量，股價急速上漲封漲停板；14:16 漲停板被打開，打開期間成交活躍，量能放大；14:35 重新封回漲停板。對應該股 K 線走勢分析，尾盤放量的主要原因，應該是主力機構為了突破前高。

　　從當天的分時盤面看，開盤後分時價格線纏繞（或圍繞）分時均價線橫盤小幅震盪整理，成交量呈萎縮狀態。股價向上突破、快速上漲封板時成交量迅速放大，買盤活躍。

　　雖然當日漲停板封板結構一般，但買盤積極，做多氛圍濃

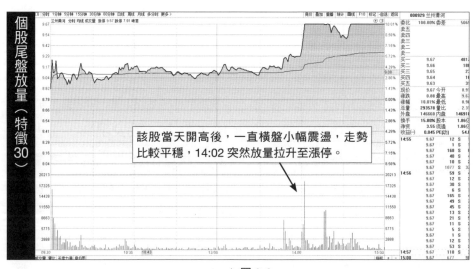

該股當天開高後，一直橫盤小幅震盪，走勢比較平穩，14:02 突然放量拉升至漲停。

▲ 圖 8-9

厚，短期可看多做多。

　　投資人在操盤過程中，如果看到某個股開盤後持續橫盤整理，整理過程中盤面突然放量、股價快速上漲，可以打開該股的 K 線走勢圖，看是否突破前高或平台，來決定是否進場買進。

　　圖 8-10 是 000929 蘭州黃河 2021 年 5 月 13 日收盤時的 K 線走勢圖，可以看出，股價處於上升趨勢中。該股從前期相對高位 2020 年 12 月 23 日最高價 13.68 元快速下跌，至 2021 年 2 月 9 日最低價 6.21 元止跌。下跌時間雖然不長，但跌幅較大。

　　2021 年 2 月 9 日止跌後，主力機構展開大幅震盪盤升（挖坑）洗盤行情。震盪盤升（挖坑）洗盤期間，主力機構採取高賣低買與洗盤吸籌並舉的操盤手法，賺取差價、清洗獲利盤、繼續收集籌碼。K 線走勢紅多綠少，紅肥綠瘦，期間主力機構拉出 4

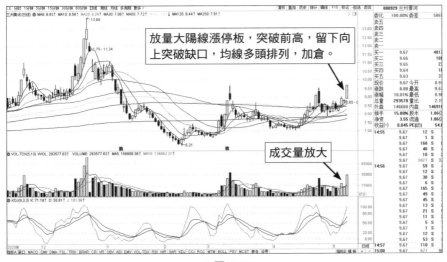

▲ 圖 8-10

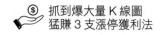
個漲停板,主要目的是收集籌碼。

　　5 月 13 日,主力機構開高拉出一個大陽線漲停板,突破前高,留下向上突破缺口,形成大陽線漲停 K 線型態,成交量較前一交易日放大 2 倍多。

　　此時,均線呈多頭排列(90 日均線除外),MACD、KDJ 等技術指標已經走強,股價的強勢特徵已經顯現,後市上漲的機率大,投資人可以在當日或次日進場,逢低買進籌碼。

　　圖 8-11 是 000929 蘭州黃河 2021 年 6 月 4 日收盤時的分時走勢圖。從分時走勢來看,該股當日開低,股價急速衝高然後震盪回落,成交量迅速放大。分時價格線向下穿過前一交易日收盤價和分時均價線,一直下跌 3.63% 左右拐頭上行,然後急速拉高,尾盤有所震盪回落,收盤漲幅 1.18%。

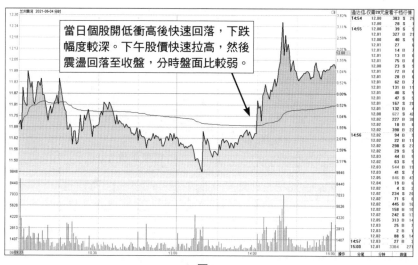

▲ 圖 8-11

　　從當日盤面來看，個股開低衝高然後快速回落，股價跌破前一交易日收盤價和分時均價線，下跌幅度較深，期間應該有不少前期進場的獲利盤出逃。

　　下午股價快速拉高，然後震盪回落至收盤，主力機構經由震盪整理又賣出了不少籌碼，整體分時盤面比較弱勢，投資人可以結合 K 線走勢等情況，分析後果斷決策。

　　圖 8-12 是 000929 蘭州黃河 2021 年 6 月 4 日收盤時的 K 線走勢圖。從 K 線走勢來看，該股 5 月 13 日拉出一個大陽線漲停板、突破前高、留下向上突破缺口，形成大陽線漲停 K 線型態之後，主力機構展開加速上漲行情。股價從 5 月 13 日的開盤價 8.91 元一

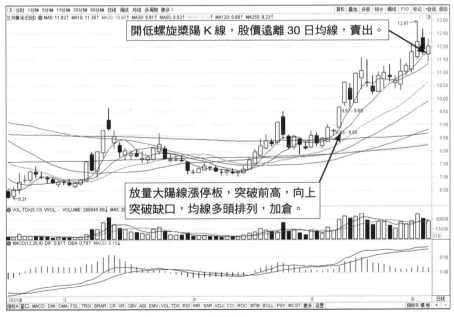

▲ 圖 8-12

路上漲，至 6 月 3 日的最高價 12.68 元，漲幅還是比較大的。

6 月 4 日個股開低，收出一根小螺旋槳陽 K 線（高位螺旋槳 K 線，又稱變盤線或轉勢線），成交量較前一交易日萎縮。加上前一交易日收出的帶上下影線的陰 K 線，顯露出主力機構利用盤中拉高，引誘跟風盤震盪出貨的痕跡。

此時，股價遠離 30 日均線且漲幅較大，MACD、KDJ 等技術指標開始走弱，盤面的弱勢特徵比較明顯。投資人當天如果還有籌碼沒出完，次日應該逢高賣出。

8-4
個股底部放量，強勢特徵逐漸顯現

　　個股下跌整理至底部區域止跌後，主力機構開始慢慢吸籌建倉，K 線走勢呈現紅肥綠瘦、紅多綠少狀態，底部逐漸抬高。經過初期上漲或震盪整理洗盤吸籌後，主力機構籌碼鎖定比較好，控盤比較到位，個股的強勢特徵初步顯現。某個交易日突然放量拉升，投資人可以及時尋機進場買進籌碼。

　　對於此類從底部或相對低位直接放量上漲的個股，投資人跟進後，一定要盯緊盤面，時刻防範主力機構獲利整理洗盤。

　　圖 8-13 是 601800 中國交建 2021 年 8 月 25 日收盤時的分時走勢圖。從分時走勢來看，該股當天開低後，股價展開震盪盤升行情，11:15 盤中開始放量，股價快速上漲，上漲至 7 元（漲幅 3.24%）左右，展開小幅橫盤整理行情至收盤，收盤漲幅 3.10%。

　　從當天的分時盤面來看，開盤後分時價格線依托分時均價線震盪上行，一直至收盤，分時價格線始終在分時均價線上方運行。股價向上突破、快速上漲時成交量迅速放大，買盤活躍，做

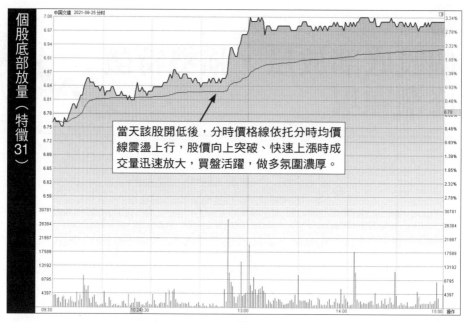

當天該股開低後，分時價格線依托分時均價線震盪上行，股價向上突破、快速上漲時成交量迅速放大，買盤活躍，做多氛圍濃厚。

▲ 圖 8-13

多氛圍濃厚，短期可看多做多。

　　圖 8-14 是 601800 中國交建 2021 年 8 月 25 日收盤時的 K 線走勢圖，可以看出，此時股價正處於高位下跌整理洗盤止跌之後的上漲（反彈）走勢中。

　　股價從相對高位 2017 年 3 月 24 日最高價 19.68 元，一路震盪下跌，至 2021 年 7 月 20 日最低價 6.11 元止跌。下跌時間長、跌幅大，期間有過多次反彈，且反彈幅度較大。

　　2021 年 7 月 20 日止跌後，主力機構展開初期上漲行情，吸籌與洗盤並舉，以吸籌為主。K 線走勢紅多綠少，紅肥綠瘦。

　　8 月 25 日主力機構開低收出一根中陽線，突破前高，成交

▲ 圖 8-14

量較前一交易日明顯放大。股價向上突破（穿過）5 日、10 日、20 日和 120 日均線（一陽穿 4 線），30 日、60 日、90 日均線在股價下方向上運行，250 日均線在股價上方下行，均線蛟龍出海型態形成。

　　此時，短中期均線呈多頭排列，MACD、KDJ 等技術指標開始走強，股價的強勢特徵已經顯現，後市上漲的機率大。投資人可以在當日或次日進場，逢低買進籌碼。

　　圖 8-15 是 601800 中國交建 2021 年 9 月 8 日收盤時的分時走勢圖。從分時走勢來看，該股當天開低後，股價略衝高後就震盪回落，成交量同步放大。股價震盪回落至 9.05 元（跌幅 2.80%）

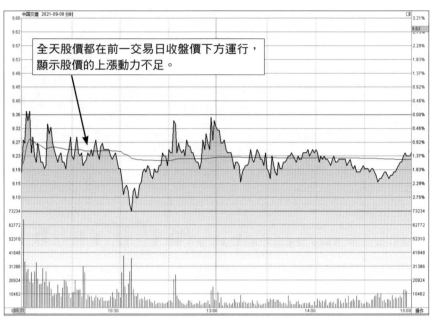

全天股價都在前一交易日收盤價下方運行，
顯示股價的上漲動力不足。

▲ 圖 8-15

左右拐頭上行，至分時均價線上方再次震盪回落至收盤，當日跌幅 1.28%。

從當日盤面看，股價開低衝高回落，成交量迅速放大，這期間應該有不少前期進場的獲利盤出逃。分時價格線向下穿破分時均價線後，跌幅較深，之後分時價格線纏繞分時均價線震盪回落至收盤。

全天股價都在前一交易日收盤價下方運行，顯示股價的上漲動力不足，分時盤面弱勢特徵比較明顯。

圖 8-16 是 601800 中國交建 2021 年 9 月 8 日收盤時的 K 線走勢圖。從 K 線走勢可以看出，該股 8 月 25 日收出一根放量中陽

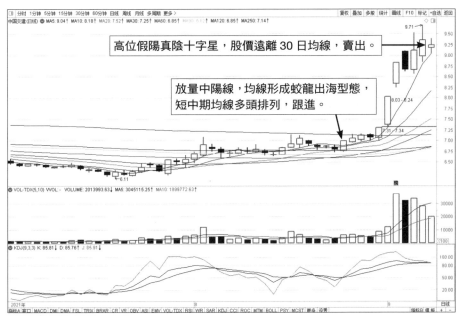

高位假陽真陰十字星，股價遠離 30 日均線，賣出。

放量中陽線，均線形成蛟龍出海型態，
短中期均線多頭排列，跟進。

▲ 圖 8-16

線、形成均線蛟龍出海型態之後，主力機構又強勢整理 4 個交易
日，整理期間正是投資人進場的好時機。

從 8 月 31 日起，主力機構展開快速拉升行情，至 9 月 7 日，共
6 個交易日拉出 5 根陽線，其中有 2 個漲停板。股價從 8 月 31 日的
開盤價 7.07 元一路上漲，至 9 月 7 日的最高價 9.71 元，漲幅還是相
當不錯的。

9 月 8 日個股開低，收出一顆假陽真陰十字星（高位或相對
高位假陽真陰，千萬小心。高位或相對高位十字星，又稱黃昏之
星），成交量較前一交易日萎縮。加上前一交易日收出的帶上下
影線的螺旋槳陽 K 線，顯露出主力機構利用盤中拉高，吸引跟

風盤震盪出貨的痕跡。

此時，股價遠離 30 日均線且漲幅較大，KDJ 等部分技術指標開始走弱。這種情況時，投資人如果當天手中還有籌碼沒有出完的，次日應該逢高賣出。可追蹤觀察，待整理到位後再擇機買進。

後記
願以我的 25 年投資經驗，成就你的財富自由之夢！

20 多年的股市投資經歷，積累太多的經驗和教訓。特別是在操盤跟莊強勢股之餘，陸續研讀 100 多本證券類書籍之後，開闊了思維眼界，提升了操盤境界，有許多感悟和啟示，萌生創作一套操盤跟莊強勢股方面的叢書的想法。

從 2020 年初開始著手，至 2023 年初陸續付梓出版，3 年時間，股市平平淡淡、日子平平常常、寫作緊緊張張，期間也有過迷茫和彷徨，但更多的還是信心和堅持。

有一句話說得好：「一個使勁踮起腳尖靠近太陽的人，全世界都擋不住他的陽光。」對一般投資人來說，也許你的堅持，終將成就你的財富自由之夢。

在本書創作過程中，筆者查閱、參考大量相關文獻作品和資料，從中得到不少啟發和感悟，也參考借鑑其中一些非常有價值的觀點。但由於閱讀參考的文獻資料來源廣泛，部分資料可能沒

有注明來源或出處，在此表示感謝和歉意。

　　本書雖然幾易其稿，也經過反覆校對。但由於倉促成文，加之筆者水準有限，肯定有不少錯誤、殘缺或不當之處，尚祈讀者批評指正，不勝感激。

明發

2023年2月　於北京

［參考文獻］

1. 麻道明，短線抓漲停【M】.北京：中國經濟出版社，2020.

2. 李星飛，股市擒牛 15 式【M】.北京：中國宇航出版社，2020.

3. 郭建勇，分時圖超短線實戰：分時圖捕捉買賣點技巧【M】.北京：中國宇航出版社，2020.

4. 吳行達，買入強勢股【M】.北京：經濟管理出版社，2019.

5. 均線上的舞者，漲停接力【M】.北京：清華大學出版社，2019.

6. 張華，狙擊漲停板（修訂本）【M】.成都：四川人民出版社，2019.

7. 麻道明，莊家意圖：股市技術圖表背後的莊家操盤手法【M】.北京：中國經濟出版社，2019.

8. 畢全紅，新盤口語言解密與實戰【M】.成都：四川人民出版社，2019.

9. 股震子，強勢股操盤技術入門與精解【M】.北京：中國宇航出版社，2019.

10. 麻道明，游資操盤手法與實錄【M】.北京：中國經濟出版社，2018.

11. 楊金，參透 MACD 指標：短線操盤　盤口分析與 A 股買賣點實戰【M】.北京：人民郵電出版社，2018.

12. 楊金，分時圖實戰：解讀獲利型態　準確定位買賣點　精通短線交易【M】.北京：人民郵電出版社，2018.

13. 楊金，極簡投資法：用 11 個關鍵財務指標看透 A 股【M】.北京：人民郵電出版社，2018.

14. 李洪宇，從零開始學 KDJ 指標：短線操盤　盤口分析與 A 股買賣點實戰【M】.北京：人民郵電出版社，2018.

15. 李洪宇，從零開始學布林線指標：短線操盤　盤口分析與 A 股買賣點

實戰【M】. 北京：人民郵電出版社，2018.

16. 楊金，從零開始學籌碼分布：短線操盤　盤口分析與 A 股買賣點實戰【M】. 北京：人民郵電出版社，2017.

17. 楊金，從零開始學量價分析：短線操盤　盤口分析與 A 股買賣點實戰【M】. 北京：人民郵電出版社，2017.

18. 曹明成，一本書搞懂龍頭股戰法【M】. 上海：立信會計出版社，2017.

19. 曹明成，龍頭股必殺技【M】. 北京：中國宇航出版社，2017.

20. 齊曉明，強勢股交易從入門到精通【M】. 北京：機械工業出版社，2017.

21. 孟慶宇，短線炒股實戰：股票交易策略與操盤心經【M】. 北京：人民郵電出版社，2016.

22. 王江華，短線：典型股票交易實戰技法【M】. 北京：清華大學出版社，2016.

23. 王江華，成交量：典型股票分析全程圖解【M】. 北京：清華大學出版社，2016.

24. 王江華，操盤：新股民炒股必知的 128 個細節【M】. 北京：清華大學出版社，2016.

25. 安佳理財，股票漲停策略與實戰【M】. 北京：清華大學出版社，2016.

26. 無形，一天一個漲停板之尋找強勢股【M】. 北京：中國經濟出版社，2016.

27. 高開，漲停揭秘：跟操盤高手學炒股【M】. 北京：清華大學出版社，2016.

28. 邢岩，盤口三劍客：K 線、量價與分時圖操作實戰【M】. 北京：清華大學出版社，2015.

29. 尼尉圻，實戰掘金：跟操盤高手學炒股【M】. 北京：清華大學出版社，2015.

30. 楊明，均線：典型股票盤口分析【M】. 北京：清華大學出版社，2015.

31. 笑看股市，跟莊：典型股票分析全程圖解【M】. 北京：清華大學出版社，

2015.

32. 翁富,主力行為盤面解密（一）【M】. 北京：地震出版社,2015.

33. 翁富,主力行為盤面解密（二）【M】. 北京：地震出版社,2015.

34. 翁富,主力行為盤面解密（三）【M】. 北京：地震出版社,2015.

35. 翁富,主力行為盤面解密（四）【M】. 北京：地震出版社,2015.

36. 翁富,主力行為盤面解密（五）【M】. 北京：地震出版社,2015.

37. 翁富,主力行為盤面解密（六）【M】. 北京：地震出版社,2019.

38. 翁富,主力行為盤面解密（七）【M】. 北京：地震出版社,2020.

39. 黑馬王子,伏擊漲停【M】. 北京：清華大學出版社,2014.

40. 黑馬王子,漲停密碼【M】. 北京：清華大學出版社,2014.

41. 黑馬王子,股市天經（之一）：量柱擒漲停【M】. 成都：四川人民出版社,
    2014.

42. 黑馬王子,股市天經（之二）：量線捉漲停【M】. 成都：四川人民出版社,
    2014.

43. 黑馬王子,黑馬王子操盤手記（一）【M】. 北京：清華大學出版社,
    2016.

44. 黑馬王子,黑馬王子操盤手記（二）【M】. 北京：清華大學出版社,
    2016.

45. 黑馬王子,黑馬王子操盤手記（三）【M】. 北京：清華大學出版社,
    2016.

46. 黑馬王子,黑馬王子操盤手記（四）【M】. 北京：清華大學出版社,
    2016.

47. 黑馬王子,黑馬王子操盤手記（五）【M】. 北京：清華大學出版社,
    2016.

48. 黑馬王子,黑馬王子操盤手記（六）【M】. 北京：清華大學出版社,
    2017.

49. 黑馬王子,黑馬王子操盤手記（七）【M】. 北京：清華大學出版社,
    2017.

50. 黑馬王子,黑馬王子操盤手記(八)【M】.北京:清華大學出版社,
2017.

51. 黑馬王子,黑馬王子操盤手記(九)【M】.北京:清華大學出版社,
2017.

52. 魯斌,龍頭股操作精要【M】.北京:中信出版社,2015.

53. 魯斌,捕捉強勢股分時啟動點【M】.北京:中信出版社,2015.

54. 王堅寧,股市常用技術指標買賣型態圖譜大全【M】.北京:清華大學
出版社,2014.

55. 股震子,短線追漲一本就通【M】.北京:中國勞動社會保障出版社,
2014.

56. 股震子,強勢股精析:股票投資入門決勝 95 個技巧【M】.北京:中
國勞動社會保障出版社,2013.

57. 孤帆遠影,做強勢股就這麼簡單【M】.北京:中國電力出版社,2014.

58. 蔣幸霖,主力操盤手法揭秘【M】.北京:清華大學出版社,2013.

59. 沈良,一個農民的億萬傳奇【M】.北京:中國經濟出版社,2013.

60. 啟賦書坊,股市實戰如何精準把握買賣點【M】.北京:電子工業出版社,
2013.

61. 張文,趙振國,龍頭股實戰技巧【M】.北京:中國宇航出版社,2013.

62. 王恒,一眼看破漲停天機【M】.廣東:廣東經濟出版社,2012.

63. 王恒,一眼看破 K 線天機【M】.廣東:廣東經濟出版社,2012.

64. 王恒,一眼看破均線天機【M】.廣東:廣東經濟出版社,2012.

65. 王恒,一眼看破盤口天機【M】.廣東:廣東經濟出版社,2011.

66. 名道,如何在股市快速賺錢:點殺強勢股(修訂版)【M】.廣州:廣
東經濟出版社,2012.

67. 鐘海瀾,巴菲特說炒股【M】.北京:北京理工大學出版社,2012.

68. 盤古開天,如何在股市聰明賣出【M】.北京:機械工業出版社,2012.

69. 操盤聖手,K 線買賣點大全【M】.北京:中國經濟出版社,2012.

70. 蔣幸霖,散戶必知的 200 個買賣點【M】.北京:清華大學出版社,

2012.

71. 吳振鋒，量波抓漲停【M】.北京：清華大學出版社，2012.

72. 股震子，狙擊漲停一本就通【M】.北京：中國勞動社會保障出版社，
2012.

73. 韋雨田，炒股就是炒盤口：兩星期煉成盤口實戰高手【M】.廣州：廣
東經濟出版社，2011.

74. 一舟，強勢股操作技術精要【M】.北京：地震出版社，2011.

75. 股海淘金，從三萬到千萬：短線盈利實戰技法【M】.上海：上海財經
大學出版社，2011.

76. 潘平，只做強勢股【M】.武漢：華中科技大學出版社，2011.

77. 斯科特．菲利普斯，未來十年的六大價值投資領域【M】.王佳藝，譯.
北京：人民郵電出版社，2011.

78. 上海操盤手，五線開花（1）：穩操股市勝券的密碼【M】.上海：上海
財經大學出版社，2010.

79. 上海操盤手，五線開花（2）：股票最佳買賣點【M】.上海：上海財經
大學出版社，2011.

80. 上海操盤手，五線開花（3）：倚天劍與屠龍刀【M】.上海：上海財經
大學出版社，2012.

81. 上海操盤手，五線開花（4）：神奇的密碼線【M】.上海：上海財經大
學出版社，2012.

82. 上海操盤手，五線開花（5）:K線其實不簡單【M】.上海：上海財經
大學出版社，2012.

83. 上海操盤手，五線開花（6）：港股就這樣操盤【M】.上海：上海財經
大學出版社，2015.

84. 上海操盤手，五線開花（7）：散戶決戰漲停板【M】.上海：上海財經
大學出版社，2015.

85. 上海操盤手，五線開花（8）：攻擊個股臨界點【M】.上海：上海財經
大學出版社，2016.

86. 上海操盤手，五線開花（9）：期貨揭秘與實戰【M】. 上海：上海財經
大學出版社，2016.

87. 上海操盤手，五線開花（10）：股市操練大全【M】. 上海：上海財經
大學出版社，2017.

88. 劉元吉，跟莊就這幾招【M】. 2 版. 北京：中國紡織出版社，2010.

89. 高竹樓，高海寧，炒股就是炒趨勢【M】. 深圳：海天出版社，2009.

90. 善強，看透股市：中國股市運行分析【M】. 北京：中國財政經濟出版社，
2009.

91. 張健，炒股不敗的 49 個細節【M】. 北京：當代世界出版社，2008.

92. 趙衍紅，史潮，手把手教你炒股【M】. 蘭州：甘肅文學出版社，2007.

93. 魏豐杰，操盤揭秘：股票分時戰法【M】. 北京：中國科學技術出版，
2007.

94. 潘偉君，看盤細節【M】. 北京：地震出版社，2007.

95. 吳獻海，股道真經：波浪理論實戰技巧【M】. 北京：地震出版社，
2007.

96. 善強，中國股市機構主力操盤思維：市場分析篇【M】. 北京：企業管
理出版社，2004.

97. 王都發，莊家兵法【M】. 北京：經濟管理出版社，2004.

98. 楊新宇，股市博弈論【M】. 西安：陝西師範大學出版社，2000.

99. 鐘麟，智戰者【M】. 廣州：廣東經濟出版社，2000.

100. 鐘麟，勝戰者【M】. 廣州：廣東經濟出版社，1999.

101. 鐘麟，善戰者【M】. 廣州：廣東經濟出版社，1999.

102. 唐能通，短線是銀：短線高手的操盤技巧【M】. 成都：四川人民出版社，
1999.

103. 童牧野，莊家剋星：職業操盤手投資要訣【M】. 成都：四川人民出版社，
1999.

104. 徐敏毅，牛心熊膽：股市投資心理分析【M】. 成都：四川人民出版社，
1999.

105. 趙正達，投資與投機：拉近巴菲特與索羅斯【M】. 成都：四川人民出版社，1999.

106. 李志林，走近贏家：股市中的悟性與天機【M】. 成都：四川人民出版社，1999.

107. 喻樹根，投資手冊【M】. 廣東：廣東經濟出版社，1999.

108. 青木，炒股方略【M】. 廣東：廣東經濟出版社，1999.

109. 李夢龍、李曉明，莊家操作定式解密【M】. 廣州：經濟出版社，1999.

110. 李克，莊家內幕【M】. 成都：四川人民出版社，1999.

111. 何安平，得意圖形：經典技術理論在中國股市的實戰應用【M】. 北京：中國經濟出版社，1999.

112. 李幛喆，炒股就這幾招【M】. 北京：改革出版社，1999.

113. 李鐵鷹，四維K線圖：股票買賣秘訣【M】. 上海：上海交通大學出版社，1997.

國家圖書館出版品預行編目（CIP）資料

抓到爆大量K線圖　猛賺3支漲停獲利法：一眼看出強勢股的31個特徵／
明發著. -- 新北市：大樂文化有限公司，2024.09
224 面；17×23 公分

ISBN　978-626-7422-44-1（平裝）
1. 股票投資　2. 投資技術　3. 投資分析
563.53　　　　　　　　　　　　　　　　　　　113010735

Money 077

抓到爆大量 K 線圖　猛賺 3 支漲停獲利法
一眼看出強勢股的 31 個特徵

作　　者／明　發
封面設計／蕭壽佳
內頁排版／王信中
責任編輯／林育如
主　　編／皮海屏
發行專員／張紜蓁
財務經理／陳碧蘭
發行經理／高世權
總編輯、總經理／蔡連壽
出 版 者／大樂文化有限公司（優渥誌）
　　　　　地址：220新北市板橋區文化路一段 268 號 18 樓之一
　　　　　電話：（02）2258-3656
　　　　　傳真：（02）2258-3660
詢問購書相關資訊請洽：2258-3656
郵政劃撥帳號／50211045　戶名／大樂文化有限公司

香港發行／豐達出版發行有限公司
地址：香港柴灣永泰道 70 號柴灣工業城 2 期 1805 室
電話：852-2172 6513　傳真：852-2172 4355

法律顧問／第一國際法律事務所余淑杏律師
印　　刷／韋懋實業有限公司

出版日期／2024 年 9 月 26 日
定　　價／300 元（缺頁或損毀的書，請寄回更換）
ＩＳＢＮ／978-626-7422-44-1

優渥叢書